U0468252

第 123 辑（2023年第1辑） Vol.123（2023，No.1）

主　办：北京仲裁委员会／北京国际仲裁中心
协　办：中国国际私法学会

编委会

主　任：王利明
编　员：William Blair　陈　洁　黄　进
　　　　Michael Hwang　姜丽丽　李曙光
　　　　Loukas Mistelis　Michael J. Moser
　　　　师　虹　宋连斌　Thomas Stipanowich
　　　　陶景洲　王贵国　易继明　郑若骅

编辑部

主　编：陈福勇
副主编：张皓亮
编　辑：林晨曦　沈韵秋　赵菡清　徐　畅

中国法制出版社
CHINA LEGAL PUBLISHING HOUSE

本书所刊载的文章只代表作者个人观点，不必然反映本书编辑部或其他机构、个人的观点，谨此声明！

目录

特载

001　中国国际服务贸易年度观察（2023）／石静霞

035　中国金融衍生品争议解决年度观察（2023）／郑乃全

052　中国科技创新争议解决年度观察（2023）／高蔚卿　毕秀丽

专论

085　仲裁先例是驳论吗？关于"仲裁先例"争论的比较研究和法理思考
　　　——兼论其对中国仲裁的启示／林雅婷

116　北京数字经济治理体系中企业衍生数据法律保护研究／唐建国

Contents

Special Report

001 Annual Review on International Trade in Services in China (2023)

/Shi Jingxia

035 Annual Review on Financial Derivatives Dispute Resolution in China (2023)

/Zheng Naiquan

052 Annual Review on Technological Innovation Dispute Resolution in China (2023)

/Gao Weiqing Bi Xiuli

Monograph

085 A Paradox? Comparative Analysis of Arbitral Precedent and Implications Towards China /Lin Yating

116 Research on Legal Protection of Enterprise Derived Data in Beijing Digital Economy Governance System /Tang Jianguo

中国国际服务贸易年度观察（2023）

石静霞[*]

一、引言

尽管 2022 年国际经济继续受到新冠疫情影响，且叠加俄乌冲突复杂因素，但全球服务贸易仍取得了增长。根据世界贸易组织（World Trade Organization，"WTO"）统计，2022 年全球商业服务贸易同比增长 15%，达到 6.8 万亿美元。服务主要行业均取得增长，就行业表现而言，交通运输服务业同比增长 25%，相比 2019 年则增长 40%。[①] 与货物相关的服务（good-related services）贸易放缓，表明一些国家或地区基于合同的制造活动（即在合同基础上进行的商品加工，如装配、包装、标签等）等有所减少。在新冠疫情前占服务贸易近 1/4 的旅行服务及客运服务受到边境关闭和卫生检疫要求的严重限制。在疫情暴发三年后，随着全球范围内出行限制的解除，国际旅游业逐渐开始全面复苏。对当前总体不利的国际经济环境而言，旅游需求和相关服务展示出一定的弹性。此外，服务业与服务贸易在全球价值链中的比重不断提升，数字技术拓展了服务贸易的发展空间，服务贸易领域规则谈判持续推进。其

---

[*] 石静霞，中国人民大学法学院教授、博士生导师，北京仲裁委员会／北京国际仲裁中心仲裁员。本文为石静霞教授担任首席专家的国家社科基金重大课题"一带一路倡议与国际经济法律制度的创新"（项目批准号：17ZDA144）的阶段性研究成果。作者感谢中国人民大学法学院博士生严帅东同学为本文收集和整理资料所付出的努力。

① WTO, Global Trade Outlook and Statistics, April 5, 2023, pp.11–14.

中，通过数字方式交付的服务（digitally delivered services）达到 3.82 万亿美元。①

2022 年，我国服务贸易保持较快增长。全年服务进出口总额 59801.9 亿元，同比增长 12.9%；其中服务出口 28522.4 亿元，增长 12.1%；进口 31279.5 亿元，增长 13.5%；逆差 2757.1 亿元。知识密集型服务进出口稳定增长。旅行服务进出口继续恢复。②疫情前我国已发展成为世界上最大的旅游出境市场和消费国。因此疫情三年后我国边境于 2023 年重新开放，有利于促进区域和全球旅行服务的增长。从总体上看，2022 年，"中国服务"的国际竞争力进一步提升，但我国在发展国际服务贸易方面仍面临不少挑战和制约，如疫情影响尚未消退，外需面临收缩风险，企业经营压力加大，服务业开放与服务贸易创新发展的协同效应有待进一步发挥等。

党的二十大报告提出，推进高水平对外开放，稳步扩大规则、规制、管理、标准等制度型开放。推动货物贸易优化升级，创新服务贸易发展机制，发展数字贸易，加快建设贸易强国。

在此背景下，本报告重点梳理中国 2022 年对外参加或签署的重要多边、区域和双边经贸协定中的服务贸易规则及承诺，梳理和讨论 2022 年我国服务业发展和北京市服务业的重点法律法规及文件，并就未来市场开放和规则构建提出相应建议。

二、多边层面

（一）谈判进展：《服务贸易国内规制参考文件》启动生效程序

2017 年，中国等 59 个 WTO 成员共同签署《服务贸易国内规制部长联合声明》，正式启动《服务贸易国内规制参考文件》（Reference Paper on Services Domestic Regulations，以下简称《SDR 参考文件》）谈判。这是建立在 WTO 部

---

① WTO, Global Trade Outlook and Statistics, April 5, 2023, pp.15-16.
② 2022 年，知识密集型服务进出口 25068.5 亿元，增长 7.8%。其中，知识密集型服务出口 14160.8 亿元，增长 12.2%；出口增长较快的领域是知识产权使用费、电信计算机和信息服务，分别增长 17.5% 和 13%；知识密集型服务进口 10907.7 亿元，增长 2.6%；进口增长较快的领域是保险服务，增速达 35.8%。2022 年，旅行服务总体呈现恢复态势，全年旅行服务进出口 8559.8 亿元，增长 8.4%。参见《商务部服贸司负责人介绍 2022 年全年服务贸易发展情况》，载商务部网站，http://www.mofcom.gov.cn/article/syxwfb/202301/20230103380918.shtml，最后访问日期：2023 年 2 月 1 日。

分成员联合声明倡议（Joint Initiative Statement，"JSI"）基础上的开放式新诸边谈判。①SDR 谈判于 2021 年 12 月结束时，67 个参与成员发表共同声明，表示就旨在削减服务提供者行政成本的国内规制新纪律达成一致，即《SDR 参考文件》。② 在 2022 年 6 月举行的 WTO 第十二届部长级会议上，格鲁吉亚、东帝汶和阿拉伯联合酋长国宣布加入服务贸易国内规制联合倡议。东帝汶是第一个加入该倡议的最不发达国家。鉴于服务贸易国内规制联合倡议参加方达到 70 个成员，已占全球服务贸易总额的 92.5%，《SDR 参考文件》成为关键多数协定（Critical Mass Agreement，"CMA"）。③2022 年 12 月 20 日，中国、美国、欧盟等 59 个 WTO 成员向 WTO 提交了改进后的服务承诺表，启动在 WTO 框架下的认证程序（certification）。启动认证程序是使这些承诺产生法律效力的最后一步。其余谈判参加方也承诺尽快开始对其承诺表的改进并提交认证。④

1. 国内规制议题对于服务贸易的特殊重要性

服务业目前已发展成为全球经济支柱和国际贸易中最具活力的组成部分。自 2011 年以来，服务贸易一直以快于货物贸易的速度增长。⑤但与货物贸易相比，服务贸易始终面临更高的交易成本。原因在于虽然服务贸易通常要求提供者和消费者的物理接触，但更重要的是因服务业本身的敏感性及在各国发展的严重不平衡，服务贸易面临更多更复杂的国内规制措施。同时，鉴于服务的无形性特点，各国对服务贸易无法采用类似于规制货物贸易的关税、许可证等边境措施。因此，服务贸易壁垒本质上是监管性或规制性的，基本以"边境后措施"（behind-the-borders）形式存在，如针对服务提供者的学历、教育或培训要求。这些措施具有高度的异质性特征，在国际层面上很难

---

① WTO Ministerial Conference Eleventh Session, Joint Ministerial Statement on Services Domestic Regulation, WT/（MIN）17/61, December 13, 2017.

② WTO, Declaration on the Conclusion of Negotiations on Services Domestic Regulation, WT/L/1129, December 2, 2021.

③ CMA 也称"临界数量协定"。See Gary Winslett, *Critical Mass Agreement：The Proven Template for Trade Liberalization in the WTO*, World Trade Review, Vol.17, No.3, pp.405-406（2018）.

④ WTO, *New Commitments for Domestic Regulation of Services Move Closer to Entry into Force*, December 22, 2022.

⑤ WTO, *World Trade Report 2019：The Future of Services Trade*, 2019, p.7；WTO, *Global Trade Outlook and Statistics*, April 5, 2023, pp.11-16.

协调。①

据WTO对三大产业贸易成本的比较表明，服务贸易成本远高于农产品和工业制成品。影响服务贸易成本的因素很多，其中因监管政策不透明、许可审批流程烦琐、资质要求不明确等导致的国内规制壁垒所产生的贸易成本占服务贸易总成本40%左右。② 这解释了国内规制议题在服务贸易领域的重要性和复杂性。一方面，一国对服务业进行的规制措施对于实现某些公共利益目标确有必要；但另一方面，国内规制措施可能被滥用，从而造成对外国提供者的歧视待遇并影响相关的服务提供，③ 这在数字贸易中体现得尤为明显。因此，服务贸易国内规制谈判对于促进或便利数字经济时代的服务贸易发展具有根本性意义。

2.《SDR参考文件》具体纪律

《SDR参考文件》包括总则、具体要求和金融服务专门规则三部分，共53个条款。其中，总则规定了制定《SDR参考文件》的基本目的、任务和发展导向等考虑。服务贸易国内规制的具体纪律规定在《SDR参考文件》第二部分。在金融服务国内规制方面，参加成员可选择适用《SDR参考文件》第三部分，该部分纪律和第二部分仅有三处细微差别。

（1）总则：基本目的、任务和发展导向

《SDR参考文件》总则在其序言部分首先提及该谈判的目的在于根据GATS第6条第4款制定更详细的服务贸易国内规制纪律。④ 通过涵盖行业和列表模式，《SDR参考文件》进一步明确其纪律适用于参加方根据GATS第16条（"市场准入"）和第17条（"国民待遇"）做出具体承诺的服务部门。如果成员并未基于GATS第16条和第17条对服务部门或分部门做出具体承诺，《SDR

---

① See e.g., Bernard Hoekman & Michel Kostecki, *The Political Economy of the World Trading System: The WTO and Beyond* (2nd ed.), p.242 (2001). 关于边境后措施的更多讨论，see e.g., Thomas J. Bollyky & Petros C. Mavroidis: *A Time for Action-The WTO Must Change to Promote Regulatory Cooperation*, in Behind-the-Border Policies-Assessing and Addressing Non-Tariff Measures (edited by Joseph Francois & Bernard Hoekman), Cambridge University Press, 2019, pp.299-338.

② WTO, *World Trade Report 2019: The Future of Services Trade*, 2019, pp.84-99.

③ The World Bank, *Domestic Regulation and Services Liberalization* (edited by Aaditya Mattoo & Pierre Sauvé), Oxford University Press, 2003, pp.1-6.

④ SDR, para.1.

参考文件》则不适用。① 这表明《SDR 参考文件》不直接涉及服务市场开放，而是在成员已开放承诺的服务部门促进贸易便利化和自由化。同时，这些纪律将通过 GATS 第 18 条（"额外承诺"）列入参加成员的服务贸易具体承诺表。因此，《SDR 参考文件》这一诸边谈判成果不但承继了之前的多边谈判任务，②且以独特方式融入了 WTO 多边框架。

《SDR 参考文件》总则部分特别体现了发展导向，注意到服务提供者，尤其是发展中及最不发达成员的服务提供者在遵守服务许可及程序、资格要求和程序及技术标准相关措施方面可能面临的具体困难。为此，《SDR 参考文件》承认参加成员有权对其领土内的服务及提供者引入新的措施进行监管，以实现其合法政策目标。《SDR 参考文件》对发展导向的重视和相关纪律安排既关注了发展中和最不发达成员的需要，从长远看也可帮助这些成员建立和完善其服务监管能力和治理水平，提高其服务市场和服务贸易的竞争力。

（2）服务贸易国内规制的具体纪律

《SDR 参考文件》第二部分包括 22 个条款，详细规定了参加成员规制服务贸易的纪律要求，包括涵盖纪律适用的具体对象、服务提供者提供服务的申请及相关处理程序要求、服务提供者的资质评估和承认、服务监管机构的独立性以及规制纪律的透明度等。

基于 GATS 第 6 条第 4 款，《SDR 参考文件》规定的国内规制纪律适用于参加成员在其已做承诺的服务部门所采取的"有关"（relating to）资格要求和程序（Qualification Requirement and Procedures，"QRP"）、③ 许可要求和程序（Licensing Requirement and Procedures，"LRP"）④ 及技术标准（Technical

---

① SDR, paras.1–3.
② SDR, paras.7–9.
③ 资格要求包括服务提供者为获得认证或许可而必须满足的实质性要求，例如考试、经验或语言要求等。资格程序是成员管理资格要求的行政或程序规则，例如提交文件的数量和性质、需要支付的费用等。关于这些措施的解释，see WTO, Report on the Meeting Held on 29 November 2001, S/WPDR/M/14, 2002, para.8.
④ 许可要求包括不属于资格要求类别的提供服务所需的实质性要求，只有遵守这些要求才能使服务提供者获得提供服务的正式授权，例如关于注册或设立企业的要求等。许可程序则是涉及提供者提交和主管机构处理许可申请的行政程序，例如所需文件的数量、性质或许可处理的时间范围等。WTO, The Relevance of the Disciplines of the Agreements on Technical Barriers to Trade（TBT）and on Import Licensing Procedures to Article VI.4 of the General Agreement on Trade in Services', S/WPPS/W/9, 1996, para.4.

Standards，"TS"）[1]等"影响"（affecting）服务贸易的措施。根据 WTO 争端解决机构多年发展的法理，这里采用的"影响"一词表明了《SDR 参考文件》涵盖措施的广泛性。[2]

监管透明度是《SDR 参考文件》规定的重要纪律之一，体现在成员政府的监管部门须遵循四项明确要求：一是拟实施的法律、法规和行政规章等监管措施需要提前公布；二是给予服务提供者充分参与相关政策的制定机会；三是及时公开涉及服务提供者的行政审批信息；四是建立企业的咨询反馈机制。[3]此外，《SDR 参考文件》要求参加成员确保其规制服务贸易的主管机构的独立性，且基于客观透明的标准进行服务授权许可或资质审批。[4]

在技术标准问题上，《SDR 参考文件》要求成员鼓励其主管机构通过客观、公正、公开、透明和非歧视方式制定技术标准。如参加成员采取或维持与服务提供授权相关的措施，则应确保此类措施基于（based on）客观透明的标准，包括提供服务的能力、以符合成员监管要求（如健康和环境等）的方式提供服务等。

此外，《SDR 参考文件》首次纳入服务提供者性别平等条款，但脚注明确成员采取的合理、客观、旨在实现合法目的的差别待遇和加速实现男女事实平等的暂行特别措施，不应被视为本条款所指的歧视。[5]这是 WTO 支持女性经济赋权，将贸易和性别平等这一社会价值予以关联的新动向，值得关注。[6]

（3）关于金融服务国内规制纪律的特殊安排

考虑到金融服务和监管措施的特殊性和敏感性，各方在谈判过程中决定

---

[1] 技术标准包括与服务本身的特性及服务提供方式等方面的要求，例如律师行为准则等。这些领域的自愿性标准一般也属于此类措施。

[2] WTO, *European Communities-Regime for the Importation, Sale and Distribution of Bananas*, WT/DS27/AB/R, 9 September 1997, para.220; Canada–Certain Measures Affecting Automotive Industry, WT/DS139/AB/R, 31 May 2020, pp.158–160.

[3] SDR, paras.13–20.

[4] SDR, para.12 & footnote 11.

[5] SDR, para.22（d）& footnote 18.

[6] See Anoush D. Boghossian, *Trade Policies Supporting Women's Economic Empowerment: Trends in WTO Members*, WTO Staff Working Paper, No.ERSD-2019-07, 2019; WTO, *Gender Equality, Women's Economic Empowerment and Sustainable Trade*, Aid for Trade Global Review 2022, p.163.

对其进行较为有限的差异化处理。《SDR 参考文件》第三部分规定了专门的金融服务监管规则。该部分内容与第二部分要求基本一致，但未包括"单一窗口"审批、技术标准制定和开展行业资格互认三段规定，为参加方在金融服务相关许可、从业人员资质申请与审批方面提供了适度的灵活监管空间。①《SDR 参考文件》第二部分规定的透明度义务予以保留，这对参加成员的金融主管机构实现某些监管目标可能产生一定影响或给发展中成员带来较重的行政成本。因此，建议在金融服务部门以有利于参加成员行使其监管自主权的方式来解释透明度义务，以帮助成员实现其审慎监管目标。

3.《SDR 参考文件》是数字经济时代服务规制合作的重要成果

《SDR 参考文件》在性质上类似于服务贸易领域的《贸易便利化协定》，在数字贸易时代能够优化成员服务业领域许可审批流程，降低服务提供者的经营成本，改善全球服务贸易营商环境，有利于各参加方的数字经济发展并提升服务贸易规模。② 根据 WTO 和经济合作与发展组织（OECD）的联合研究报告，《SDR 参考文件》的生效将为全球企业参与国际服务贸易每年节省约 1500 亿美元成本，③ 尤其惠及中小微企业的服务提供和金融、商业、通信和运输等服务业的收益。同时，根据 OECD 服务业贸易限制指数（Services Trade Restrictiveness Index，"STRI"）数据库进行的基准测试表明，所有接受《SDR 参考文件》义务的 WTO 成员的服务贸易障碍将平均降低 11%，并基本上消除计算机服务、商业银行和电信服务等部门的多数贸易壁垒。这些服务领域均为数字经济的重要支柱，因此《SDR 参考文件》的实施有利于促进 WTO 成员间的数字贸易。④

随着全球数字经济快速发展，数字贸易规则成为多边体制和区域组织共同关注的热点。目前有 87 个 WTO 成员参加的电子商务／数字贸易 JSI 谈判涉及

---

① SDR, Section III-Alternative Disciplines on Service Domestic Regulation for Financial Services.

② 研究表明，改善贸易便利化环境与国际贸易流量之间存在正相关关系。与降低关税相比，贸易便利化对增加一国贸易的影响更大。See WTO: *Adapting to the Digital Trade Era*：*Challenges and Opportunities*, edited by Maarten Smeets, WTO Chair Program, 2021, pp.339-341.

③ WTO & OECD, *Services Domestic Regulation in the WTO*：*Cutting Red Tape, Slashing Trade Costs, and Facilitating Services Trade*, OECD-WTO Trade Policy Brief, November 26, 2021, p.1.

④ WTO & OECD, *Services Domestic Regulation in the WTO*：*Cutting Red Tape, Slashing Trade Costs, and Facilitating Services Trade*, OECD-WTO Trade Policy Brief, November 26, 2021, p.3.

服务市场开放和数据跨境流动等纪律,①在内容上与《SDR参考文件》形成互补。此外,112个WTO成员于2022年12月16日实质性结束《投资便利化协定》的JSI文本谈判。该协定旨在减少投资领域的繁文缛节,简化和加快投资审批程序。通过为外资提供更透明和可预测的法律框架,有助于增加WTO成员通过模式三("商业存在")进行的服务贸易。整体上看,《SDR参考文件》将与这些谈判成果协同发挥作用,能够极大促进数字经济时代服务贸易的顺利发展。②

4.《SDR参考文件》对我国发展数字经济和服务贸易的意义

数字经济和服务贸易的快速发展以及两者间的相互促进,是我国加入WTO 20多年来的突出表现之一。2021年至2022年,即使面临复杂严峻的国内外形势,我国数字经济总体上仍取得良好成效,已成为我国经济发展的核心力量和关键动力。③我国充分认识规制纪律改革对于服务贸易可持续发展所具有的关键意义,在谈判中会同其他参加方研提方案,并在最后阶段及时提交两份关于具体服务承诺表的草案,为顺利结束《SDR参考文件》文本谈判作出重要贡献。2022年12月,我国按时完成国内核准流程,率先提交改进后的GATS承诺表。作为服务贸易第二大国,我国以具体行动和务实举措持续推动了《SDR参考文件》落地生效。④

《SDR参考文件》在正式生效后将成为参加成员在WTO/GATS框架下的条约义务,从而降低我国服务提供者进入国际数字贸易市场的成本。我国提供者可以更便利地在境外设立商业实体、取得经营许可和相关资质,或通过跨境方式提供服务。如我国提供者发现参加方服务监管机构未履行义务,则可通过商务部在WTO服务贸易理事会等机制下提出贸易关注,敦促其履行

---

① 石静霞:《数字经济背景下的WTO电子商务诸边谈判:最新发展及焦点问题》,载《东方法学》2020年第2期。

② See Henry Gao, E-Commerce Governance: Back to Geneva? Center for International Governance Innovation, February 14, 2022; Douglas Lippoldt, Regulation the Digital Economy-Reflecting on the Trade and Innovation Nexus, Center for International Governance Innovation, February 14, 2022.

③ 2021年我国数字经济规模高达45.5万亿元,同比名义增长16.2%,占GDP比重达39.8%,自2012年以来年均增速为15.9%,显著高于同期GDP增速。参见中国信息通信研究院:《中国数字经济发展报告(2022年)》(集ံ白皮书),2022年7月,第5—6页。

④ 石静霞:《数字经济视角下的WTO服务贸易国内规制新纪律》,载《东方法学》2023年第2期。

《SDR 参考文件》项下的义务，甚至在必要时启动争端解决程序，以保障我国服务提供者的合法权益。① 在此意义上而言，《SDR 参考文件》的谈判达成对我国服务提供者走出去具有规则层面上的保障作用。②

（二）争端解决层面：WTO 服务贸易案例

2022 年有关 WTO 服务贸易的案例曾有两起，分别为欧盟提起的"中国关于货物贸易和服务贸易的措施"案和中国提起的"美国关于某些半导体和其他产品及相关服务和技术的措施"案。

1."中国关于货物贸易和服务贸易的措施"（DS610）

（1）本案程序

2022 年 1 月 27 日，欧盟根据《关于争端解决规则和程序的谅解》（"DSU"）第 1 条和第 4 条，要求中国就其采取的对欧盟进出口货物以及欧盟与中国之间服务贸易的特定限制措施进行磋商。在请求磋商文件中，欧盟声称本案诉请涉及中国采取的限制中国与立陶宛之间的货物贸易和服务贸易的一系列措施。③ 欧盟与中国于 2022 年 3 月 14 日至 15 日进行了磋商，但未能达成满意解决方案。欧盟于 2022 年 12 月 7 日请求设立专家组解决争端。④ 在 2023 年 1 月 27 日的 DSB 会议上，该案专家组成立。⑤ 2023 年 4 月 18 日 DSB 确立本案专家组成员。目前该案在专家组审理程序中。同时，鉴于中国和欧盟均为《多方临时上诉仲裁安排》（Multi-Party Interim Appeal Arrangement，"MPIA"）成员，⑥ 2023 年 7 月 4 日，双方通知 WTO 争端解决机构（DSB）同意后续就该案专家组报

---

① 《商务部解读 WTO 服务贸易国内规制联合声明倡议谈判成果》，载中国政府网，https://www.gov.cn/xinwen/2021-12/08/content_5659345.htm，最后访问日期：2023 年 7 月 20 日。

② 石静霞：《数字经济视角下的 WTO 服务贸易国内规制新纪律》，载《东方法学》2023 年第 2 期。

③ WTO, *China-Measures Concerning Trade in Goods and Services*, *Request for Consultations by the European Union*, WT/DS610/1, 31 January 2022, p.2; WTO, *China-Measures concerning Trade in Goods and Services*, *Request for Consultations by the European Union*, WT/DS610/1/Corr.1, 19 April, 2023, p.1.

④ WTO, *China-Measures Concerning Trade in Goods and Services*, *Request to Establish a Panel by the European Union*, WT/DS610/8, 9 December 2022.

⑤ WTO, *China-Measures Concerning Trade in Goods and Services*, *Request to Establish a Panel by the European Union*, WT/DS610/8, 9 December 2022, p.1.

⑥ 关于 MPIA，参见石静霞：《WTO〈多方临时上诉仲裁安排〉：基于仲裁的上诉替代》，载《法学研究》2020 年第 6 期。

告采取基于WTO争端解决谅解（Dispute Settlement Understanding, "DSU"）第25条进行的上诉仲裁。

（2）涉案措施的变化：欧盟取消涉及服务贸易争议措施的指控

在磋商请求文件中，欧盟指控，本案的涉案措施包括中国在法律上和事实上通过其作为或不作为采用、维持或适用了三类措施，即对来自欧盟的有关产品的进口禁令或进口限制；对有关产品从中国到欧盟的出口禁令或出口限制；限制或禁止欧盟或欧盟服务提供者在中国境内提供服务，或针对欧盟消费者使用中国服务提供者提供的服务。特别是中国对来自欧盟的服务提供者在中国境内提供的服务，或对于寻求中国提供者提供服务的欧盟消费者而言，只要这些服务、提供者或消费者与立陶宛有联系时，均实施了低于其他成员或国内服务提供者的限制或待遇。①

在欧盟请求设立专家组处理本案的文件中，本案争议措施主要涉及中国采取的《实施卫生与植物卫生措施协定》（Agreement on the Application of Sanitary and Phytosanitary Measures, "SPS协定"）措施，包括通过中国在法律上和事实上的作为或不作为，对来自欧盟或其部分地区的争议产品采纳、维持和适用进口禁令或进口限制。中国所实施和管理的这些措施影响了从立陶宛进口或向立陶宛出口的商品。这些措施主要涉及来自立陶宛或运往立陶宛或以各种方式与立陶宛有联系的货物，但也对整个欧盟的供应链产生影响。这些措施相互关联，普遍适用于针对进出立陶宛或与立陶宛有关的货物贸易的禁止或限制。这些措施由中国通过政府行为，和（或）通过在中国境内的实体（包括地方政府机构、非政府机构和国有企业）在政府的授权下或与政府一致制定、颁布或实施的措施，鼓励、激励或以其他方式实施一项协调政策，旨在以不符合适用协定条款的方式限制与欧盟和立陶宛之间的贸易。特别是中国海关总署的作为或不作为导致海关未采取必要的行政措施或决定，以及不合理地拒绝通关，具有禁止或限制进口的效果。同时，中国对与立陶宛有联系的产品给予更低的过境待遇。中国在实施卫生与植物检疫措施时，在条件相同或类似的情况下，任意或不合理地歧视欧盟与其他成员，

---

① WTO, China-Measures Concerning Trade in Goods and Services, Request for Consultations by the European Union, WT/DS610/1, 31 January 2022, p.2; WTO, China-Measures concerning Trade in Goods and Services, Request for Consultations by the European Union, WT/DS610/1/Corr.1, 19 April, 2023, p.2.

包括中国与欧盟领土之间的卫生与植物检疫措施，并在涉及与立陶宛有联系的商品时，以构成对国际贸易的变相限制的方式进一步实施卫生和植物检疫措施。①

因此，与磋商请求文件中的涉案措施相比，欧盟在请求设立专家组的文件中大大缩减了其指控范围，主要集中于 SPS 措施上。由于指控涉案措施的减少，欧盟在设立专家组请求中提出的起诉法律依据也相应减少，同样集中在货物贸易协定方面，具体包括《关税及贸易总协定》（General Agreement on Tariffs and Trade，"GATT1994"）、《贸易便利化协定》（Trade Facilitation Agreement，"TFA"）和 SPS 协定等。同时，欧盟认为，涉案措施似乎也使欧盟在 GATT1994、SPS 协定和 TFA 下直接或间接获得的利益无效或受损。② 而在欧盟早前的磋商请求文件中，其提出的法律依据还包括 GATS 第 2 条第 1 款（最惠国待遇）、第 8 条（垄断与专营服务提供者）、第 11 条第 1 款（支付与转让）、第 16 条（市场转让）、第 17 条第 1 款（国民待遇）。同时，根据 GATS 第 23 条第 3 款，涉案措施直接或间接损害欧盟所获贸易利益或使其无效。③

（3）法律依据

总体上看，欧盟在请求设立专家组的文件中，尽管在争端背景中仍提及中国采取的措施影响到欧盟与中国之间的服务贸易，但之后列出的涉案措施和法律依据则取消了关于服务贸易的指控，从而使该案在后续进展中不再涉及服务贸易的法律问题。同时，争端解决机构对本案中在专家组设立及之前的所有 8 份文件均进行了修改，将本案名称改为"中国涉及货物贸易的措施"。欧盟对涉案措施及相关指控依据的缩减使其能够更集中于准备更有可能胜诉的问题，但专家组和后续可能的临时上诉仲裁程序将不再有机会发展关于

---

① WTO, *China-Measures Concerning Trade in Goods and Services*, Request to Establish a Panel by the European Union, WT/DS610/8, 9 December 2022, p.2; WTO, *China-Measures concerning Trade in Goods and Services*, Request to Establish a Panel by the European Union, WT/DS610/8/Corr.1, 19 April 2022, p.2.

② WTO, *China-Measures Concerning Trade in Goods and Services*, Request to Establish a Panel by the European Union, WT/DS610/8, 9 December 2022, pp.3-4; WTO, *China-Measures concerning Trade in Goods and Services*, Request to Establish a Panel by the European Union, WT/DS610/8/Corr.1, 19 April 2023, p.1.

③ WTO, *China-Measures Concerning Trade in Goods and Services*, Request for Consultations by the European Union, WT/DS610/1, 31 January 2022, pp.3-4.

GATS 的法理。①

除了在多边层面上提起 DS610 案，欧盟也在试图进行单边性的立法措施。欧盟委员会于 2021 年 12 月 8 日公布的一项新法律提案，名称为《欧洲议会和理事会关于保护欧盟及其成员国免受第三国经济胁迫的条例》（以下简称《条例》）。②《条例》旨在增强欧盟及其成员的贸易防御措施，阻止各国限制或威胁限制贸易或投资，以改变欧盟在气候变化、税收或食品安全等领域的政策。有评论指出，可能触发该法律提案规定的反措施情况的一个例子，即欧盟向 WTO 提起的涉及中国对立陶宛进出口货物和服务的限制。③ 但该《条例》提案中仍存在一些模糊领域或问题，包括"经济胁迫"的定义是由欧盟委员会还是由欧盟成员国决定实施新的防御性政策等。例如，该《条例》适用于第三国通过寻求阻止或获得停止、修改或采取特定行为而对欧盟或其成员国采取影响贸易和投资的措施，但未具体说明哪些行为可能构成"干涉"，没有解释"寻求阻止或获得"的含义，甚至未定义"主权"等关键问题。因此，根据《条例》欧盟或成员国可用的补救措施类型可能会导致法律复杂化以及欧盟与第三国（主要但不仅是中国）之间更多的经贸摩擦。

2. 美国关于某些半导体和其他产品及相关服务和技术措施案（以下简称"美国半导体案"，WT/DS615）④

（1）本案争议背景

近年来美国维持并实施对某些产品的出口管制制度，包括特定商品、软件和技术。出口管制制度由美国商务部工业安全局（U.S. Department of

---

① 在美国破坏上诉机构后，中国和欧盟等联合部分 WTO 成员达成《多方临时上诉仲裁安排》（Multi-Party Interim Appeal Arrangement，"MPIA"），以解决这些成员间的上诉需求。参见石静霞：《WTO〈多方临时上诉仲裁安排〉：基于仲裁的上诉替代》，载《法学研究》2020 年第 6 期。

② European Commission, 'Proposal for a Regulation of the European Parliament and of the Council on the Protection of the Union and Its Member States from Economic Coercion by Third Countries' (8 December 2021), COM (2021) 775 final. For the amendments proposed by the European Parliament, see: European Parliament, 'Amendments 58–280' (30 May 2022), 2021/0402（COD）.

③ See Folkert Graafsma & Joris Cornelis: The International Trade Law Review (8th edition), Law Business Research Ltd., London, August 2022, pp.9–10.

④ WTO, United States-Measures on Certain Semiconductor and Other Products, and Related Services and Technologies, WT/DS615.

Commerce's Bureau of Industry and Security，"BIS"）通过《出口管理条例》（Export Administration Regulations，"EAR"）进行管理。EAR 涵盖从美国出口和转让含有美国原产组件或源自美国原产技术或软件的外国生产产品。EAR 控制的产品清单，包括商品、软件和技术，公布在其《商业管制清单》（Commerce Control List，"CCL"）中。CCL 涵盖了大约 2800 种受控项目，远超国际出口管制制度涵盖的 1800 种。换言之，美国对大约 1000 种未列入国际出口管制制度的项目实施出口管制。EAR 还包括一个额外的"篮子类别"（basket category），即 EAR99，涵盖受 EAR 管制但未被列入 CCL 的任何项目。对于受 EAR 管制的物品，根据目的地国家、接收方和最终用途，出口、再出口或转让（国内）可能需要许可证，除非适用排除或豁免规定。目的地国家被划分为商业国家图表中所列的组别，接收方被控制在实体清单、军事最终用户清单和未验证清单中。为了确保遵守 EAR，不仅美国，而且其他 WTO 成员的贸易商也必须经过多达 29 个步骤来确定和履行 EAR 义务。[1]

中国认为，出口管制制度应有助于促进全球安全和负责任的出口，遵守国际不扩散承诺。美国滥用其出口管制制度，作为实现其维持在科学、技术、工程和制造部门领先地位的工具。为此美国修改了 EAR，并采取了一系列针对中国在相关部门和全球半导体供应链中发展的破坏性措施。美国不仅自己对中国实施出口管制，而且凭借其域外适用迫使其他 WTO 成员效仿这一做法。通过过度扩大出口管制的范围和胁迫其他 WTO 成员，美国已对国际贸易造成严重干扰，并有可能导致全球的半导体供应链解体。[2]

上述破坏性措施体现于 BIS 于 2022 年 10 月 7 日公布的一项《临时最终规则》（Interim Final Rule）。该规则对某些运往中国或与中国有关的先进计算半导体芯片、超级计算机项目、半导体制造项目及其相关服务和技术实施贸易限制，并对美国公司和个人的活动以及来自美国境外的、使用某些美国技术、软件或设备生产的非美国原产项目施加了广泛的控制。《临时最终规则》

---

[1] WTO, *United States-Measures on Certain Semiconductor and Other Products, and Related Services and Technologies*, Request for Consultations by China, WT/DS615/1/Rev.1, G/L/1471/Rev.1 S/L/438/Rev.1, G/TRIMS/D/46/Rev.1 IP/D/44/Rev.1, 10 February 2023, pp.1-2.

[2] WTO, *United States-Measures on Certain Semiconductor and Other Products, and Related Services and Technologies*, Request for Consultations by China, WT/DS615/1/Rev.1, G/L/1471/Rev.1 S/L/438/Rev.1, G/TRIMS/D/46/Rev.1 IP/D/44/Rev.1, 10 February 2023, pp.2-3.

旨在限制中国获得先进计算芯片或进一步发展人工智能和超级计算机功能的能力，限制在中国本土生产这些类型的先进集成电路的能力，以及限制中国获得半导体制造以生产集成电路的能力。中国指出，《临时最终规则》和其他破坏性出口管制措施出于政治动机，并构成变相贸易限制。①

（2）本案程序

2022 年 12 月 22 日，中国基于 DSU 第 4 条、GATT1994 第 23 条、GATS 第 23 条、《与贸易有关的投资措施协定》（Agreement on Trade-Related Investment Measures,"TRIMs 协定"）第 8 条以及《与贸易有关的知识产权协定》（Agreement on Trade-Related Aspects of Intellectual Property Rights,"TRIPs 协定"）第 64 条第 1 款的规定，就美国实施的关于半导体和其他产品以及相关服务和技术措施要求，包括针对运往中国或与中国有关的、涉及美国对某些先进计算半导体芯片、超级计算机项目、半导体制造项目和其他项目及相关服务和技术的贸易限制措施，提出磋商请求。②2022 年 12 月 22 日，美国对中方的磋商请求做出回应。美方认为，中国的请求涉及美国根据《出口管制改革法案》及其实施条例、EAR 为保护其国家安全采取的某些措施。国家安全是政治问题，不能通过 WTO 争端解决机制来解决。美国提出，正如 GATT1994 第 21 条（安全例外）、GATS 第 14 条之二（安全例外）以及 TRIPs 协定第 73 条（安全例外）所规定，WTO 每个成员均保留了自行决定其认为保护其基本安全利益所需的措施的权力。在不影响美方认为中方所提措施属于国家安全问题，不允许审查或不能通过 WTO 争端解决机制解决观点的前提下，美方接受中方进行磋商的请求。③

2023 年 2 月 9 日，中国修改磋商请求，将其法律依据修改为 GATT1994 第 23 条（"利益丧失或减损"）和 GATS 第 23 条（"争端解决和执行"），而非

---

① WTO, *United States-Measures on Certain Semiconductor and Other Products, and Related Services and Technologies*, Request for Consultations by China, WT/DS615/1/Rev.1, G/L/1471/Rev.1 S/L/438/Rev.1, G/TRIMS/D/46/Rev.1 IP/D/44/Rev.1, 10 February 2023, p.3.

② WTO, *United States-Measures on Certain Semiconductor and Other Products, and Related Services and Technologies*, Request for Consultations by China, WT/DS615/1, 15 December 2022.

③ WTO, *United States-Measures on Certain Semiconductor and Other Products, and Related Services and Technologies*, Communication from the United States, WT/DS615/4, 12 January 2023.

GATT1994 第 22 条（"磋商"）和 GATS 第 22 条（"磋商"）。①2023 年 2 月 17 日，美国通知争端解决机构接受中国修改后的磋商请求，但不影响美国认为其被质疑的措施涉及国家安全问题，此类争端不宜通过 WTO 争端解决机制审查或解决。

（3）涉案措施及起诉法律依据

本案中的争议措施包括但不限于：美国《2018 年出口管制改革法案》（The Export Control Reform Act of 2018）中的相关规定；EAR 中的具体规则，包括但不限于 ECCN 规则（ECCN Rules）、FDP 规则（FDP Rules）、实体清单 FDP 规则（Entity List FDP Rules）、最终用户/最终用途规则（End User/End Use Rules）、美国人活动规则（U.S. Persons' Activities Rules）；临时最终规则，即对某些先进计算和半导体制造项目、超级计算机和半导体最终用途、实体清单修改以实施额外出口管制；临时最终规则常见问题——对某些先进计算和半导体制造项目、超级计算机和半导体最终用途、实体清单修改实施额外出口管制；美国未能及时公布相关规则，从而使贸易商和其他利益相关方未能了解，也未能以统一、公正和合理方式实施该规则。②

涉案措施包括上述措施的任何修正、替换或延长，以及与上述措施有关、管理或实施这些措施的任何措施。对此，中国在磋商请求中进一步阐述了其认为涉案措施与 WTO 协定不一致的具体方面，其内容主要围绕上述 EAR 中涉及的五种规则，对这些规则阐释的核心表明 EAR 控制项目范围过于广泛。与此同时，中国列明了美国在规则发布等方面的程序性缺陷。

中方认为，美国实施的上述有关半导体的措施构成对贸易的限制，不符合美国在 WTO 涵盖协议下的义务，包括 GATT1994 第 1 条（最惠国待遇）、第 11 条（禁止数量限制），TRIMs 协定第 2 条（国民待遇和数量限制），TRIPs 协定第 28 条（授予的权利），GATT1994 第 10 条（贸易法规的公布和管理），GATS 第 6 条（国内规制）。基于上述原因，案涉措施使中国根据上述协议直

---

① WTO, United States-Measures on Certain Semiconductor and Other Products, and Related Services and Technologies, Communication from the United Nations, WT/DS615/5, 16 February 2023.

② WTO, United States-Measures on Certain Semiconductor and Other Products, and Related Services and Technologies, Request for Consultations by China, WT/DS615/1/Rev.1, G/L/1471/Rev.1 S/L/438/Rev.1, G/TRIMS/D/46/Rev.1 IP/D/44/Rev.1, 10 February 2023, pp.3-7.

接或间接获得的利益无效或受损。①

（4）案件观察

"美国半导体案"目前仍处于磋商阶段，后续程序是否会继续进行有赖于双方的磋商进程及结果。但总体上看该案除实质性贸易利益外，背后亦具有不可忽视的政治因素考量，双方通过磋商解决本案的可能性较小。如果中国请求成立专家组，则该案将进入专家组审理，即一审阶段。美国针对中国所提出的诉请，可能援引GATT 1994第21条、GATS第14条之二以及TRIPs协定第73条所规定的安全例外进行抗辩。而根据美国政府发布的《2022国家安全策略文件》中可见，美国对"国家安全"一词的解释比传统上军事层面的安全要广泛很多，甚至包含了全球气候和粮食安全问题。②

WTO规则允许成员出于国家安全原因施加贸易限制。2019年4月5日，"俄罗斯过境措施案"（DS512）中的专家组首次就国家安全例外作了裁定，总体上表明此类限制的范围有限，WTO争端解决机构有权审查成员基于国家安全但影响到贸易的相关行为，俄罗斯在本案中有权援引国家安全例外施加涉案争议过境措施。③2022年12月，WTO发布系列"美国钢铝产品案"（DS544等9起）专家组报告，认定美国基于1962年《贸易扩大法案》（Trade Expansion Act）第232节对进口钢铁和铝产品征收的关税并不符合援引国家安全例外的条件，因为这些关税并非在战时或其他国际关系紧急情况下征收。④同样，在时隔12天之后发布的"美国原产地标记要求案"（DS597）专家组报告中，美国要求在中国香港生产的商品必须标明中国是其原产国，亦被裁定不符合援

---

① WTO, *United States-Measures on Certain Semiconductor and Other Products, and Related Services and Technologies*, Request for Consultations by China, WT/DS615/1/Rev.1, G/L/1471/Rev.1 S/L/438/Rev.1, G/TRIMS/D/46/Rev.1 IP/D/44/Rev.1, 10 February 2023, pp.7-8.

② The White House, *National Security Strategy*, Washington, October 2022, p.6, 27, etc.

③ WTO, *Russia-Measures Concerning Traffic in Transit*, Report of the Panel, WT/DS512/R, 5 April 2019, pp.38-59. 美国针对钢铝进口产品征税的措施共引发9起案件（除中国外，还有印度提起的DS547号案、欧盟提起的DS548号案、加拿大提起的DS550号案、墨西哥提起的DS551号案、挪威提起的DS552号案、俄罗斯提起的DS554号案、瑞士提起的DS556号案和土耳其提起的DS564号案）。这些案件均由同一专家组审理，并于同日散发专家组报告。

④ WTO, *United States-Certain Measures Concerning Steel and Aluminum Products*, Report of the Panel, WT/DS544/R, 9 December 2022, pp.68-83.

引国家安全例外的条件。专家组援引美国与中国的持续合作作为证据，证明美国声称的情况并未升级到构成国际关系紧急情况的必要严重程度。①美国则认为WTO并没有评估其成员外交关系的能力或权力。美国对这些专家组报告均提出上诉。因上诉机构在2019年12月被破坏陷入瘫痪状态，这些专家组报告均不能开始其生效程序，从而进入空诉状态（appeal to the void）。美国已明确表示不遵守这些报告，②将专家组报告上诉至瘫痪的上诉机构还意味着申诉方将没有机会寻求DSB的授权报复。

不管"美国半导体案"的最终结果如何，在中美持续的地缘冲突下，本案的关键问题在于，在上诉机构恢复前景不明的情况下，中美两国是否可以继续在WTO多边框架下处理其越来越多夹杂复杂政治因素的争端。在更广泛的意义上而言，如果某一成员利用其经济力量影响对WTO规则的理解或解释，将会造成何种影响。例如，如果成员声称其采取的某项措施旨在提供就业机会并使其供应链多样化，以保障本国人民、盟友及合作伙伴的安全，但使其他WTO成员遭受贸易利益减损或直接增加其贸易成本的情况下，WTO是否及如何能够继续处理此类问题。

三、《区域全面经济伙伴关系协定》生效实施

（一）RCEP实施一年的总体情况

历经8年谈判的《区域全面经济伙伴关系协定》（Regional Comprehensive Economic Partnership，"RCEP"）于2020年11月15日签署、于2021年11月2日达到生效门槛。2023年6月2日RCEP对15个签署国全部生效。③RCEP的生效实施标志着全球人口最多、经贸规模最大、最具发展潜力的自由贸易区正式落地。尽管成员国在经济体制、发展水平、规模体量等方面差异巨大，RCEP在多样性与高标准之间找到平衡，用灵活的方式处理了不同利益诉求，

---

① WTO, *United States-Origin Marking Requirement*, Report of the Panel, WT/DS597/R, 21 December 2022, pp.24-57.

② USTR: *Statement from the USTR Spokesperson Adam Hodge*, 9 December 2022, https://ustr.gov/about-us/policy-offices/press-office/press-releases/2022/december/statement-ustr-spokesperson-adam-hodge（visited on 22 April 2023）.

③ 参见中国自由贸易区服务网，http://fta.mofcom.gov.cn/rcep/rcep_new.shtml，最后访问日期：2023年7月29日。

体现出全面性、先进性和包容性。RCEP生效实施一年来，我国采取了一系列措施保障RCEP的高质量实施，与RCEP其他成员间的服务贸易持续较快增长。①

在服务贸易领域，除了柬埔寨、老挝、缅甸，其他各方的承诺服务部门数量均增加到100个以上，并且允许发展中经济体在服务贸易中采取正面清单模式，但要逐步向负面清单过渡。RCEP成员国中有7个采用负面清单模式的服务贸易开放承诺，包括中国在内的8个国家暂时采用正面清单，但承诺在协定生效后6年内转化为负面清单模式。RCEP中各成员的服务业开放水平不仅超过WTO，也高于现有的"东盟+1"自贸协定。②有学者对RCEP 15个缔约方的服务贸易开放度进行了测度和比较，结果表明：采用负面清单承诺的缔约方服务贸易整体开放度高于通过正面清单进行承诺的缔约方，发达国家开放度整体高于发展中国家，中国开放度位于发展中国家前列；国民待遇开放度高于市场准入开放度，呈现出边境前严苛、边境后相对宽松的特点；缔约方出于比较优势、国家安全等因素考虑，对不同服务部门给予鼓励或限制，服务部门开放度差异较大等。③但总体上看RCEP实施一年来，在新冠疫情反复延宕、世界经济脆弱性凸显、经济全球化和自由贸易面临严峻挑战的大背景下，RCEP为区域经济尤其是中国与东盟国家的经贸往来合作有明显带动效应。RCEP的深入实施对包含服务贸易在内的区域内贸易投资的促进作用将持续凸显。

服务贸易常年逆差一直是我国对外贸易中的失衡点。作为RCEP规则的重要组成部分，其服务贸易规则总体上呈现出渐进性自由化特点。利用RCEP服务贸易规则，扭转逆差并推动服务业升级发展，是我国在国际经贸合作中进一步加强和提升的领域，在构建高水平和新发展格局中具有重要意义。研究表明，中国与RCEP成员国在建筑、电信、计算机和信息、其他商务服务

---

① 2022年12月27日，中国贸促会发布数据显示，前11个月，全国贸促系统RCEP证书签证金额共计62.54亿美元，签证份数共计14.21万份。据海关总署统计，2022年，我国对RCEP其他14个成员国进出口12.95万亿元，增长7.5%，占我国外贸进出口总值的30.8%，对RCEP其他成员国进出口增速超过两位数的达到了8个，其中对印度尼西亚、新加坡、缅甸、柬埔寨、老挝进出口增速均超过了20%。参见：《生效一周年，RCEP助力全球贸易投资增长（大数据观察）》，载《人民日报》2023年2月2日，第7版。

② 孟夏、孙禄：《RCEP服务贸易自由化规则与承诺分析》，载《南开学报》（哲学社会科学版）2021年第4期。

③ 白洁等：《RCEP服务贸易开放度的测算及中国应对》，载《国际经贸探索》2022年第9期。

行业竞争优势明显，在金融、知识产权、旅游行业竞争力较弱；中国出口与RCEP成员国的服务贸易进口互补性以建筑、运输、保险及电信、计算机和信息行业为主，中国进口与RCEP成员国的出口服务贸易互补性则以运输、旅游和建筑行业为主。为加快贸易强国建设步伐，我国应严格遵循RCEP服务贸易规则，进一步营造公平开放的服务市场环境，着力推进传统服务业向现代服务业转型，积极对接RCEP促进更高水平的开放。[①]

（二）商务部等部门发布《关于高质量实施〈区域全面经济伙伴关系协定（RCEP）〉的指导意见》

1. 指导思想

《关于高质量实施〈区域全面经济伙伴关系协定〉（RCEP）的指导意见》（以下简称《指导意见》）由商务部、发展改革委、工业和信息化部、人民银行、海关总署、市场监管总局六部门于2022年1月24日发布，旨在全面落实RCEP规定的市场开放承诺和规则，引导地方、产业和企业适应区域市场更加开放的环境、更加充分的竞争，更好把握RCEP带来的机遇，促进我国经济的高质量发展。《指导意见》以引导鼓励企业以RCEP实施为契机，进一步提升贸易和投资发展水平，扩大国际合作，提升质量标准，促进产业升级，增强参与国际市场竞争力。

2.《指导意见》涉及服务贸易发展的主要内容

《指导意见》分为指导思想、总体目标、重点任务和组织实施四部分，其中重点任务分为六部分共三十条，包括利用RCEP市场开放承诺和规则、促进制造业升级、推进国际标准合作和转化等层面。就服务贸易领域而言，《指导意见》主要涵盖三个方面，即提高服务贸易对外开放水平、服务贸易特别管理措施和展会平台对服务贸易发展的促进作用。

关于提高服务贸易对外开放水平，《指导意见》的重点任务之一在于利用好RCEP市场开放承诺和规则，推动贸易投资高质量发展。针对提高服务贸易对外开放水平的举措，《指导意见》要求落实好RCEP服务贸易开放承诺，推动制造业研发、管理咨询、养老服务、专业设计等服务承诺的实施落地。开展服务具体承诺表由正面清单向负面清单的转换，按照承诺在其生效后6

---

① 王铁山、宋欣：《建设贸易强国背景下中国与RCEP成员国服务贸易的竞争性与互补性研究》，载《经济纵横》2022年第12期。

年内尽早完成。为区域内各国投资者、公司内部流动人员、合同服务提供者等各类商业人员及其随行配偶和家属的跨境流动提供必要便利。①

在制定并实施服务贸易特别管理措施方面,《指导意见》要求妥善利用RCEP规则,进一步提升服务业营商环境。针对服务贸易特别管理措施的制定和实施,《指导意见》着眼于海南自由贸易港和自由贸易试验区两个维度。首先,发挥海南自由贸易港政策和RCEP的叠加效应,实施好海南自由贸易港跨境服务贸易特别管理措施(负面清单);其次,制定实施自由贸易试验区跨境服务贸易特别管理措施(负面清单)。②

3. 多地发布落实RCEP的相关措施

为进一步落实《指导意见》相关要求,多省市发布有关实施RCEP的若干具体措施。本报告以江苏省、天津市和上海市发布的措施为例,观察其在落实RCEP服务贸易层面的举措。

《江苏省关于高质量实施〈区域全面经济伙伴关系协定〉(RCEP)的若干措施》着眼于高水平运用规则,着力推动贸易投资高质量发展。在服务贸易层面落实制造业研发、管理咨询、养老服务、专业设计等服务贸易开放承诺,加强与东盟在文化、旅游、专业服务等领域合作,深化与日韩等国在工业设计、医疗康养、技术服务等领域合作。积极发展面向RCEP市场的文化创意、中医药服务、知识产权服务等特色服务贸易,建设富有RCEP成员国元素的国家服务外包示范城市、国家特色服务出口基地等。该措施还着眼于加快数字贸易发展,指出要加强国家服务外包示范城市、国家数字服务出口基地等载体建设,培育一批具有RCEP特色的国家数字贸易示范区。完善数字贸易促进体系,引进RCEP成员国跨国数字服务企业,扩大软件和信息服务、先进技术对RCEP市场出口规模,拓展数字出版、网络视听、动漫游戏等数字内容出口。③

《天津市高质量落实〈区域全面经济伙伴关系协定〉(RCEP)的若干措施》

---

① 《商务部等6部门关于高质量实施〈区域全面经济伙伴关系协定〉(RCEP)的指导意见》,商国际发〔2022〕10号。

② 《商务部等6部门关于高质量实施〈区域全面经济伙伴关系协定〉(RCEP)的指导意见》,商国际发〔2022〕10号。

③ 江苏省商务厅等:《江苏省关于高质量实施〈区域全面经济伙伴关系协定〉(RCEP)的若干措施》,2022年4月3日。

着眼于深化服务贸易创新发展，加快数字贸易发展和推进特色服务贸易发展。在加快数字贸易发展上，要求运用 RCEP 在电信领域增加的国际海底电缆系统等便利规则，推动海底通信、智慧城市和可数字化交付的服务外包等领域国际合作，加快融入 RCEP 数字贸易市场网络等。在推进特色服务贸易发展方面，立足拓展与 RCEP 成员在金融、工程、法律、知识产权、医疗和文化等特色领域合作。①

《上海市关于高质量落实〈区域全面经济伙伴关系协定〉（RCEP）的若干措施》着眼于加快服务贸易创新发展，从四方面落实 RCEP 服务贸易规则：一是加快发展数字贸易培育技术贸易、软件贸易企业，扩大基础软件、应用型软件和先进技术在 RCEP 新兴市场的出口规模。二是积极发展特色服务贸易。例如吸引 RCEP 成员国高端医疗人才，发展医疗服务贸易等。三是打造高效优质的金融服务。依托上海国际金融中心优势，提升金融监管服务能级和透明度，推动金融监管与 RCEP 成员国互认，为现场检查、跨境资质认证、机构设立、反洗钱等监管合作提供更有力的国际法治保障。四是便利自然人临时移动。为从事贸易、提供服务或进行投资的商务访问者、公司内部流动人员、合同服务提供者、安装和服务人员及随行配偶和家属，分类提供来华便利。②

上述落实 RCEP 措施主要侧重于三个维度：一是着眼于依照《指导意见》进一步落实 RCEP 具体承诺，服务于我国作为缔约方履行条约义务的现实需求；二是着眼于国内层面，依托各省市优势，推进数字贸易和特色服务贸易的发展，提供更适合的发展模式和服务，并引育相关领域的典型企业、专业技术和人才；三是着眼于加强与 RCEP 成员方在服务贸易领域的合作，并为自然人临时移动提供便利。整体上看，在各省市相继进一步推动落实 RCEP 相关规则的基础上，RCEP 的优势在微观层面将持续凸显，为企业和个人带来利益；在宏观层面将有力推动服务贸易的有序纵深发展，并为我国统筹国内法治与涉外法治提供实践和规则层面的重要参考。

---

① 天津市人民政府办公厅：《天津市高质量落实〈区域全面经济伙伴关系协定〉（RCEP）的若干措施》，津政办发〔2022〕26号，2022年5月7日。

② 上海市商务委员会：《上海市关于高质量落实〈区域全面经济伙伴关系协定〉（RCEP）的若干措施》，沪商自贸〔2022〕24号，2022年2月18日。

（三）RCEP 服务贸易相关规则落实的障碍因素及展望

RCEP 在我国实施仍存在一定的挑战因素。例如，我国负面清单制度刚起步，存在清单覆盖面积不足和立法保障体制不完善等问题，从正面清单转向负面清单不仅涉及服务市场的开放，而且还面临列表是否能够真实反映开放意图等技术层面的问题。对此，我国应继续发挥国内和国际两个层面的能动性，进一步推进 RCEP 服务贸易相关规则在中国的进一步实施，加大市场开放力度，同时注意借鉴其他成员的负面清单列表，全面梳理我国对服务贸易的开放限制与监管措施，完成从正面清单到负面清单的顺利转换。

第一，在服务市场开放方面，首先应利用货物贸易增长带动的相关服务需求，继续拓展服务贸易增长点。RCEP 生效实施将带来货物贸易的增长，从而激发对制造业相关服务的需求，例如与制造业相关的研发、设计、零售批发等领域，大部分 RCEP 成员国已开放，有望形成服务贸易新的增长点。我国可借此开拓服务贸易并完善相关规则。其次，完善国内相关领域改造，推进特定领域的服务进出口并推进示范区建设。加大传统服务贸易领域数字化改造力度，推动保税研发、检测、艺术品展示交易等新兴服务贸易发展等。[1]

第二，关于从正面清单到负面清单的转换，我国应予以高度重视。由于成员经济发展程度的高度多样性，RCEP 在使用混合列表模式方面具有创新性。[2] 我国在 RCEP 中对于投资承诺进行了负面清单模式，对于跨境服务贸易现阶段采取了正面清单模式，但承诺在 6 年内转为负面清单承诺模式。就国内在负面清单上的探索而言，2021 年 7 月，商务部发布《海南自由贸易港跨境服务贸易特别管理措施（负面清单）（2021 年版）》，这是在国家层面上首次发布的地方版跨境服务贸易负面清单。目前商务部会同相关部门正在制定全

---

[1] 《中国将扩大与 RCEP 成员国服务贸易规模》，载中国自由贸易区服务网，http://fta.mofcom.gov.cn/article/fzdongtai/202208/49577_1.html，最后访问日期：2023 年 7 月 20 日。

[2] RCEP 缔约方承诺最终将采用负面清单列表，但采取逐步自由化方式。第一，对于跨境服务贸易承诺，允许缔约方选择正面清单或负面清单列表（第 8.3：1 条）；第二，投资承诺全部通过负面清单方式列表（第 10.8 条）；第三，对自然人临时流动承诺全部采用正面清单方式（第 9.5 条）；第四，缔约方具体承诺应从正面清单逐步转向负面清单（第 8.12 条）；第五，最不发达缔约方在承诺表方面具有更多灵活性（第 8.3：4 条，第 8.7：5 条，第 8.12：1 条）。

国版跨境服务贸易负面清单。①在对外层面上，截至2022年12月31日，我国已谈判签署22个自贸协定，涉及29个国家或地区②，但在投资和跨境服务贸易承诺采取全面负面清单列表模式上的经验仍较为有限。2023年4月1日，我国和新加坡宣布实质性完成两国自贸协定升级谈判。③该协定是我国首次在RTAs中采用负面清单模式进行跨境服务提供和投资承诺的尝试。协定纳入国民待遇、市场准入、透明度、数字经济等高水平经贸规则，新增电信服务章节，并确认服务贸易和投资领域开放措施不倒退。④

我国在RCEP中首先对投资领域的承诺采取负面清单模式，对跨境服务贸易负面清单模式更为谨慎。这与上述我国在国内法上负面清单的实践较为有限有关。因此，负面清单承诺模式对我国而言不但构成服务市场开放及规则层面的实质性挑战，也同时提示我国在法律技术上需高度重视不符措施列表，清单能够真实反映我国的开放水平及意图。为此，应在精准理解RCEP服务贸易章节运作机制和条文规定的基础上，结合负面清单的适用前提和逻辑起点，从法律上和技术上重视谈判和列表，最终使清单能够真实准确地反映我国的实际承诺。同时，虽然负面清单列表有利于实现更高水平的服务自由化，但从统筹发展与安全角度看，我国宜借鉴其他成员列表，通过谈判将一些敏感服务部门从协定核心义务中排除。⑤

四、双边自由贸易协定中的服务贸易

截至2022年底，我国已与26个国家和地区签署了19个自贸协定，自贸伙伴覆盖亚洲、大洋洲、拉丁美洲、欧洲和非洲。我国与自贸伙伴的贸易额占外贸总额35%左右。在服务贸易和投资领域，市场准入更宽，开放力度更大。

---

① 《商务部将制定全国版跨境服贸负面清单》，载中国国际进口博览会网站，https://www.ciie.org/zbh/cn/19news/dynamics/policies/20210830/29305.html，最后访问日期：2024年1月22日。

② 参见中国自由贸易区服务网站，http://fta.mofcom.gov.cn，最后访问日期：2024年1月22日。

③ 2008年，中国与新加坡签署自由贸易协定。2018年，双方签署自贸区升级协定，提升贸易便利化、原产地规则、经济技术合作、电子商务等领域规则水平。2020年12月，双方对协定再次升级，启动后续谈判，基于负面清单模式推动双方服务贸易和投资进一步自由化。

④ 《中国与新加坡宣布实质性完成自贸协定升级后续谈判》，载商务部网站，http://sg.mofcom.gov.cn/article/dtxx/202304/20230403401093.shtml，最后访问日期：2023年7月20日。

⑤ 石静霞：《中国加入CPTPP谈判中的服务贸易重点问题》，载《中外法学》2023年第4期。

2022年我国继续推进同有关国家关于自贸协定的签署、后续阶段谈判和自贸协定升级后续谈判等工作，包括同厄瓜多尔、韩国、新加坡等涉及自贸协定相关的谈判工作。谈判均涉及服务贸易等议题，并取得积极进展。

（一）《中华人民共和国政府和柬埔寨王国政府自由贸易协定》中的服务贸易

《中华人民共和国政府和柬埔寨王国政府自由贸易协定》（以下简称《中柬协定》）于2022年1月1日正式生效实施。根据《中柬协定》安排，双方将加强在服务贸易、投资、"一带一路"倡议、电子商务、经济技术等领域的合作。[①] 服务贸易相关条款载于《中柬协定》第七章，共15条，分别就定义、适用范围、具体承诺减让表、商业惯例等进行了规定，并设置杂项条款以囊括WTO项下服务贸易规则的后续发展演变，即GATS项下附件，经必要调整后纳入本协定，并构成协定的一部分。[②]

《中柬协定》附件四载有中方、柬方服务贸易具体承诺减让表。其中，柬方服务贸易具体承诺减让表的部门具体承诺涵盖了商业服务、通信服务、建筑及相关工程服务、分销服务、教育服务、环境服务、金融服务、与健康相关的社会服务、旅游及与旅游相关的服务，娱乐、文化和体育服务和运输服务共11类。中方服务贸易具体承诺减让表的部门具体承诺在这些分类的基础上，明确在"娱乐、文化和体育服务"处标明"除视听服务以外"，并增加了"其他未包括的服务"，包括专业设计服务、理发及其他美容服务。[③]

（二）《中华人民共和国政府和新西兰政府关于升级〈中华人民共和国政府和新西兰政府自由贸易协定〉的议定书》中的服务贸易

2022年4月7日，《中华人民共和国政府和新西兰政府关于升级〈中华人民共和国政府和新西兰政府自由贸易协定〉的议定书》（以下简称《中新升级议定书》）正式生效。《中新升级议定书》是在《中国—新西兰自由贸易协定》（以下简称《中新协定》）的基础上达成，进一步扩大货物、服务、投资等领域市场开放，新增电子商务、竞争政策、政府采购、环境与贸易四个章节，

---

① 《中国—柬埔寨自由贸易协定正式生效》，载商务部网站，http://www.mofcom.gov.cn/article/xwfb/xwrcxw/202201/20220103234636.shtml，最后访问日期：2023年3月29日。

② 《中华人民共和国政府和柬埔寨王国政府自由贸易协定》，第七章第15条。

③ 《中华人民共和国政府和柬埔寨王国政府自由贸易协定》，附件四A，附件四B。

更符合现代经济与贸易发展需要。①

1.《中新升级议定书》中服务贸易相关内容的修改

在服务贸易领域，双方在市场准入方面做出更大的开放承诺，大幅扩大了最惠国待遇承诺的涵盖范围。中方在航空、建筑、海运、金融等领域扩大对新方开放，尤其是航空服务领域，新增对机场运营服务、地面服务和专业航空服务的承诺。新方提高法律服务、工程和集中工程服务等领域开放水平，新增对管理咨询及与其相关的所有服务全部开放的承诺。新方改进《中新协定》中对中国特色工种工作许可安排的承诺，提高了中国公民申请量较大的汉语教师和中文导游赴新就业的配额。②

根据《中新升级议定书》，《中新协定》第九章（服务贸易）由《中新升级议定书》附录4所规定的新第九章（服务贸易）替换，③其中涉及对服务贸易相关内容的增删与修改。《中新升级议定书》附录13设置附件十七《服务贸易后续谈判》，规定后续谈判应以负面清单方式进行，内容涵盖第九章（服务贸易），包括新近形成的负面清单，如附件一（现有不符措施清单）和附件二（与相关章节义务不相符的，一方可维持的现有的、新的或更严格的，与具体部门、分部门或活动有关的措施清单）。开展后续谈判的时间不得迟于本协定生效两年之后，并应努力在后续谈判开启之日两年内完成谈判。

2.《中新升级议定书》服务贸易相关修改的主要特点

综合《中新升级议定书》附录4中服务贸易相关内容，总结本次修改呈现以下几个特点：

第一，涵盖领域更广，开放程度更高。相较于《中新协定》，《中新升级议定书》中有关服务贸易的内容进一步拓展，新增了有关机场运营服务、地面服务、专业航空服务等内容的定义。此外，《中新升级议定书》安排更为细化。《中新升级议定书》在具体承诺、国内规制、服务贸易委员会等条款中的

---

① 《中国—新西兰自贸协定升级议定书正式生效》，载商务部网站，http://www.mofcom.gov.cn/article/xwfb/xwrcxw/202204/20220403302840.shtml，最后访问日期：2023年3月25日。

② 《商务部国际司负责人就中国—新西兰自贸协定升级议定书生效答记者问》，载商务部网站，http://www.mofcom.gov.cn/article/syxwfb/202204/20220403302841.shtml，最后访问日期：2023年3月25日。

③ 《中华人民共和国政府和新西兰政府关于升级〈中华人民共和国政府和新西兰政府自由贸易协定〉的议定书》，第4条。

规定更为细化，补充、拓展了原有条款的内容。

第二，《中新升级议定书》反映了协定的更新性和适应性。《中新升级议定书》结合之前协定实施过程中遇到的新问题、新情况做出了修正和补充。对于定义部分的修改，"一方的自然人"由最初笼统地界定为"一方法律规定的该方的公民或永久居民"修改为：对中国而言，是指根据中国法律确定的属于中国公民的自然人；对新西兰而言，是指根据新西兰国内法律确定的新西兰公民或新西兰永久居民。又如，将《中新协定》第113条资格承认合作修改为"专业资格和注册"，并将原条款中的特定部门修改为"各自主管机关"。

第三，双边协定的内容协同多边框架更新。例如，针对国内规制条款，《中新升级议定书》相关条款新增一款作为第10款：如与GATS第6条第4款相关的谈判结果（或双方在其他多边场合参加的类似谈判的结果）生效，双方应共同对此类结果进行审议，以评估将此类结果纳入本协定是否将改进或加强本条项下的规则。

五、我国国际服务贸易发展相关立法和文件

2022年，除传统的服务贸易领域受到持续关注外，我国主要聚焦发展服务贸易新业态新模式、深化服务领域对外开放和完善配套的服务体系建设。首先，进一步优化服务贸易创新发展引导基金的使用。其次，数字贸易作为国际服务贸易的重要部分，其发展进一步得到制度保障。[①]再次，聚焦服务贸易的特定领域，发布针对对外文化贸易、知识产权服务业领域高质量发展的意见。最后，除制度规则支撑外，我国积极推动跨境电子商务综合试验区扩围，2022年新设两批综合试验区。

1.《商务部办公厅关于用好服务贸易创新发展引导基金 支持贸易新业态新模式发展的通知》

2022年1月11日，国务院办公厅印发《关于做好跨周期调节进一步稳外贸的意见》，提出积极利用服务贸易创新发展引导基金等，按照政策引导、市

[①] 商务部服务贸易和商贸服务业司：《中国数字贸易发展报告2021》，发布日期：2022年12月，第11页。

场运作的方式，促进海外仓高质量发展。①服贸基金是经国务院批准设立的国家级基金，由商务部、财政部战略指导，是推动服务贸易创新发展的重要举措。为充分发挥服务贸易创新发展引导基金（服贸基金）作用，促进对外贸易平稳发展，商务部于2022年3月17日发布《商务部办公厅关于用好服务贸易创新发展引导基金 支持贸易新业态新模式发展的通知》（以下简称《通知》）。首先，《通知》要求各地商务部门结合外向型企业特点，用好服贸基金等直接融资手段积极为外向型中小企业融资纾困解难。其次，聚焦新业态新模式培育发展新动能，支持构建海外仓、跨境物流等适应跨境电商发展的配套服务体系，支持培育数字贸易企业和项目，孵化国际化数字贸易提供商。最后，积极支持服贸基金做好项目对接，包括鼓励各地商务主管部门与商务部相关司局加强信息沟通，与服贸基金建立工作联系，加大对特定企业和项目引荐力度等。②

2.《中共中央 国务院关于构建数据基础制度更好发挥数据要素作用的意见》

数据基础制度建设事关国家发展和安全大局。2022年12月19日，《中共中央 国务院关于构建数据基础制度更好发挥数据要素作用的意见》（以下简称《数据二十条》）对外发布，从数据产权、流通交易、收益分配、安全治理等方面构建数据基础制度，提出20条政策举措。《数据二十条》以维护国家数据安全、保护个人信息和商业秘密为前提，以促进数据合规高效流通使用、赋能实体经济为主线，以数据产权、流通交易、收益分配、安全治理为重点。③围绕数字服务贸易领域，《数据二十条》要求建立合规高效、场内外结合的数据要素流通和交易制度。其中值得关注的是构建数据安全合规有序跨境流通机制。具体而言，该机制的建构着眼于如下两方面：

首先，数据跨境流动的安全与监管机制。针对跨境电商、跨境支付、供应链管理、服务外包等典型应用场景，探索安全规范的数据跨境流动方式。统

---

① 《国务院办公厅关于做好跨周期调节进一步稳外贸的意见》，国办发〔2021〕57号，发布日期：2022年1月11日。

② 《商务部办公厅关于用好服务贸易创新发展引导基金 支持贸易新业态新模式发展的通知》，商办财函〔2022〕47号，发布日期：2022年3月17日。

③ 《中共中央 国务院关于构建数据基础制度更好发挥数据要素作用的意见》，发布日期：2022年12月19日。

筹数据开发利用和数据安全保护，探索建立跨境数据分类分级管理机制。对影响或者可能影响国家安全的数据处理、数据跨境传输、外资并购等活动依法依规进行国家安全审查。按照对等原则，对维护国家安全和利益、履行国际义务相关的属于管制物项的数据依法依规实施出口管制，保障数据用于合法用途，防范数据出境安全风险。探索构建多渠道、便利化的数据跨境流动监管机制，健全多部门协调配合的数据跨境流动监管体系。反对数据霸权和数据保护主义，有效应对数据领域"长臂管辖"。①

其次，国际交流合作与开放发展。开展数据交互、业务互通、监管互认、服务共享等方面国际交流合作，推进跨境数字贸易基础设施建设，以《全球数据安全倡议》为基础，积极参与数据流动、数据安全、认证评估、数字货币等国际规则和数字技术标准制定。坚持开放发展，推动数据跨境双向有序流动，鼓励国内外企业及组织依法依规开展数据跨境流动业务合作，支持外资依法依规进入开放领域，推动形成公平竞争的国际化市场。

3.《商务部等27部门关于推进对外文化贸易高质量发展的意见》

近年来，我国对外文化贸易发展取得明显成效，文化贸易规模稳步增长，结构不断优化，技术标准走出去步伐加快，有力带动文化产业提质升级，中华文化国际影响力不断提升。2021年，我国对外文化贸易总额2000.3亿美元，同比增长38.7%；其中，文化服务进出口额442.2亿美元，增长24.3%。经国务院批准，商务部等27部门于2022年7月20日印发《关于推进对外文化贸易高质量发展的意见》（以下简称《文化贸易意见》），这是我国对外文化贸易领域的重要指导性文件。《文化贸易意见》从深化文化领域改革开放、挖掘文化贸易发展潜力、激活创新发展新动能、激发市场主体发展活力、拓展合作渠道网络、完善政策措施、加强组织保障七个方面提出28项具体任务举措。② 对于文化服务贸易而言，意见主要着眼于深化文化领域改革开放和加快文化贸易领域数字化发展两个层面。

第一，深化文化领域改革开放。首先，积极探索高水平开放路径。探索

---

① 《数据二十条对外发布，构建数据基础制度体系——做强做优做大数字经济》，《人民日报》海外版，2022年12月23日。

② 《商务部等27部门关于推进对外文化贸易高质量发展的意见》，商服贸发〔2022〕102号，成文日期：2022年7月18日。

有序放宽文化领域限制性措施，发挥自由贸易试验区、自由贸易港、服务贸易创新发展试点和服务业扩大开放综合示范区等先行先试作用，主动对接国际高水平经贸规则，围绕文化领域开放开展压力测试，建立健全适应新形势新需要的风险防范机制。其次，深化文化领域审批改革。聚焦推动文化传媒等领域发展，开展优化审批流程改革试点，扩大网络游戏审核试点，创新事中事后监管方式等。最后，有序扩大出版物等领域优质文化产品和服务进口，促进高水平市场竞争。

第二，加快文化贸易领域数字化发展。《文化贸易意见》着眼于把握数字经济发展趋势和规律，对文化贸易重点领域发展作出部署，从大力发展数字文化贸易、提升文化贸易数字化水平、鼓励数字文化平台国际化发展和创新发展数字内容加工业务等不同角度，推进文化贸易数字化进程以及文化和科技深度融合，带动传统行业数字化转型，加快新模式新业态发展，激活文化贸易创新发展动能。①

4.《关于加快推动知识产权服务业高质量发展的意见》

2022年12月27日，《国家知识产权局等17部门关于加快推动知识产权服务业高质量发展的意见》（以下简称《知识产权服务业意见》）发布。②《知识产权服务业意见》分为六部分共27条，从总体要求、聚焦全面创新需求、构建服务新体系、深化"放管服"改革、强化发展要素支撑、组织保障等方面出发，为加快推动知识产权服务业高质量发展提出意见。

5. 数字贸易发展与跨境电子商务综合试验区的进一步扩围

当今世界数字经济正在成为重组全球要素资源、重塑全球经济结构、改变全球竞争格局的关键力量。从全球发展看，服务贸易呈现较快增长态势，数字技术应用更加广泛，以数字技术为核心驱动的知识密集型服务贸易成为世界各国创新高地和合作要地。③近年来我国的数字贸易取得快速发展。新

---

① 《商务部服贸司负责人解读〈商务部等27部门关于推进对外文化贸易高质量发展的意见〉》，载商务部网站，http://www.mofcom.gov.cn/article/zwgk/gkzcjd/202207/20220703335081.shtml，最后访问日期：2023年7月20日。

② 《国家知识产权局等17部门关于加快推动知识产权服务业高质量发展的意见》，国知发运字〔2022〕47号，发布日期：2022年12月27日。

③ 陈雪柠：《中国服务贸易规模连续八年居世界第二》，载《北京日报》2022年9月4日。

冠疫情对传统服务贸易造成冲击，但同时催生了远程服务、非接触经济等快速发展，以数字化、智能化、绿色化为特征的知识密集型服务贸易成为发展的新动能。数据显示，2021年中国数字服务进出口总值达3597亿美元，同比增长超过22%；数字服务净出口规模达300亿美元，同比增长超过100%。①

包括数字服务贸易在内的数字贸易发展离不开国内制度的保障和国际层面的协调。对于前者，近年来我国《网络安全法》《数据安全法》《个人信息保护法》等法律先后出台，为激发数字产业发展潜力、确保数字贸易规范有序发展提供了法律支撑；对于后者，我国通过积极参与双边或多边的涉及数字国际贸易的谈判，并取得了一系列成果，为推动数字贸易国际合作贡献力量。2022年1月，中国与东盟就加强数字政策对接、新兴技术、数字技术创新应用、数字能力建设合作等达成共识。2022年8月，《数字经济伙伴关系协定》（DEPA）联委会成立，中国加入工作组，全面推进相关谈判。同时，我国已与16个国家签署"数字丝绸之路"合作谅解备忘录，与周边国家建设34条跨境陆缆和多条国际海缆。②

我国数字贸易发展潜力巨大，在迎来发展机遇的同时也面临诸多挑战，包括发展不平衡不充分问题依然突出，推进数字贸易高质量发展还有诸多瓶颈、数字创新能力不够强大、数据安全问题日益凸显、与数字贸易业态模式创新相适应的治理体系亟待健全、全球规制治理参与不够等。为此，应继续扩大数字贸易领域制度型开放，包括提升服务贸易开放水平、健全跨境服务贸易负面清单管理制度、扩大数字服务领域市场开放等。健全完善法律法规体系，夯实数字贸易高质量发展的制度基础。

与此同时，跨境电子商务等新业态新模式作为我国外贸发展的有生力量，也是国际贸易发展的重要趋势。我国高度重视跨境电子商务等贸易新业态发展，通过新设一批综合试验区，发展跨境电子商务等新业态新模式，激发外贸主体活力，提升外贸运行效率，稳定外贸产业链供应链，实现产业数字化

---

① 《商务部：十年来，我国服务贸易快速发展》，载人民网，http://finance.people.com.cn/n1/2022/0823/c1004-32509194.html，最后访问日期：2023年7月20日。

② 商务部服务贸易和商贸服务业司：《中国数字贸易发展报告2021》，发布日期：2022年12月，第6页。

和贸易数字化融合。①2022年2月8日，国务院发布《国务院关于同意在鄂尔多斯等27个城市和地区设立跨境电子商务综合试验区的批复》（国函〔2022〕8号），同意在鄂尔多斯市等27个城市和地区设立跨境电子商务综合试验区。批复要求复制推广前五批综合试验区成熟经验做法，发挥跨境电子商务助力传统产业转型升级、促进产业数字化发展的积极作用，引导跨境电子商务健康持续创新发展。同时，要保障国家安全、网络安全、数据安全、交易安全、国门生物安全、进出口商品质量安全和有效防范交易风险，保护个人信息权益，坚持在发展中规范、在规范中发展，为各类市场主体公平参与市场竞争创造良好的营商环境。2022年11月24日，国务院发布《国务院关于同意在廊坊等33个城市和地区设立跨境电子商务综合试验区的批复》（国函〔2022〕126号），同意在廊坊市、焦作市、拉萨市等33个城市和地区设立跨境电子商务综合试验区。综合试验区的扩围顺应了我国跨境电商等外贸新业态迅速发展的需求，有利于推动产业数字化和贸易数字化加速融合，进一步推动贸易便利化、监管制度创新、参与国际规则对接等，为我国外贸高质量发展积蓄新优势。②

此外，2022年底国务院发布《关于同意在沈阳等6个城市开展服务业扩大开放综合试点的批复》（国函〔2022〕135号）。根据该批复精神，商务部分别印发了6市试点方案，从服务业重点领域改革开放、现代服务业和先进制造业"两业"融合、区域发展、体制机制优化、要素保障等5个维度，推进高水平对外开放，提出消除行政壁垒、优化综合环境的试点措施。同时，根据国家赋予试点城市的发展定位，结合当地实际，在知识产权成果转化服务体系建设、电子商务与数字贸易等方面明确差异化试点任务。③

---

① 《商务部外贸司负责人就〈关于同意在鄂尔多斯等27个城市和地区设立跨境电子商务综合试验区的批复〉进行解读》，载商务部网站，http://fukuoka.mofcom.gov.cn/article/jmxw/202202/20220203280753.shtml，最后访问日期：2023年7月20日。

② 《33地获批新设跨境电商综合试验区》，载《光明日报》2022年11月28日，第1版。

③ 《国务院部署在6市开展服务业扩大开放综合试点并批复试点总体方案》，载商务部网站，http://www.mofcom.gov.cn/article/xwfb/xwrcxw/202301/20230103378439.shtml，最后访问日期：2023年7月20日。

六、北京市服务业发展及相关规划

自 2015 年以来，国务院三次批复北京市服务业扩大开放综合试点工作方案。作为全国首个也是目前唯一一个服务业扩大开放综合试点城市，2022 年，北京市继续对标国际先进规则，打造服务业开放新高度，在扩大开放、打造服务业竞争软实力、优化服务业营商环境方面多措并举，取得了明显成效。

1.《关于进一步推进跨境电子商务创新发展的若干措施》

2022 年 1 月 29 日，北京市商务局发布了《关于进一步推进跨境电子商务创新发展的若干措施》的通知，提出了 12 条具体举措。这些举措旨在进一步推进北京跨境电子商务综合试验区高质量发展，紧抓跨境电子商务发展战略机遇期，加快构建国内国际双循环发展格局，促进北京市外贸新业态新模式持续健康发展。举措内容涵盖支持跨境电子商务平台做大做强、推动外贸新业态新模式创新发展、构建跨境电子商务对接合作平台、建立完善跨境电子商务协调调度机制四个方面的内容。

2.《中国（北京）自由贸易试验区条例》

《中国（北京）自由贸易试验区条例》（以下简称《条例》）由北京市第十五届人民代表大会常务委员会第三十八次会议于 2022 年 3 月 31 日通过。《条例》根据国务院批准的《中国（北京）自由贸易试验区总体方案》和有关法律、行政法规的规定，结合北京市实际制定，旨在实现高标准、高质量建设中国（北京）自由贸易试验区，促进首都经济高质量发展。就适用范围而言，《条例》适用于中国（北京）自由贸易试验区（以下简称自贸试验区）建设和管理活动。根据《条例》第 19 条规定，自贸试验区按照国家规定实行跨境服务贸易负面清单制度。支持自贸试验区优化服务贸易行业结构，建设特色服务出口基地；推动服务外包转型升级，鼓励研发、设计、维修、咨询等领域服务外包发展；提高中国国际服务贸易交易会市场化、国际化程度，构建国际服务贸易主平台，促进服务贸易创新发展。第 20 条规定，自贸试验区内的综合保税区应当创新发展保税研发、保税展示、保税维修等保税服务，培育特色产业，强化综合保税区主导功能，推进服务贸易新业态发展。

3.《北京市人民代表大会常务委员会关于促进国家服务业扩大开放综合示范区建设的决定》

为贯彻对北京市服务业扩大开放的系列批复精神，推进综合示范区建设，促进服务业高质量发展和全方位对外开放，北京市人民代表大会常务委员会发布了《北京市人民代表大会常务委员会关于促进国家服务业扩大开放综合示范区建设的决定》（以下简称《决定》）。就服务贸易而言，《决定》指出，综合示范区建设应当聚焦科技服务、数字经济、数字贸易、金融服务、互联网信息服务、商贸服务、文旅体育服务、教育服务、健康医疗服务、专业服务、航空服务等服务业重点行业领域，探索服务业扩大开放的新业态、新模式、新路径，稳妥有序推进服务业"引进来"和"走出去"，进一步深化改革、扩大开放。

特别指出的是，《决定》单独列出了北京市关于国际商事纠纷解决体系的规则，这些规则将有助于北京市国际服务贸易相关争端的妥善解决。《决定》指出，应当发挥人民法院的审判职能作用，发挥北京专门法院、法庭、巡回审判庭等审判资源优势，营造良好的司法环境；完善反垄断和反不正当竞争的行政执法和司法衔接机制，营造良好的公平竞争环境；建立健全涉外商事案件专业调解前置机制，推动一站式多元解纷中心建设，实现调解、仲裁、涉外诉讼、执行等有机衔接；支持国内外商事仲裁机构、国际商事调解组织发展，打造国际商事纠纷解决优选地，构建多元、高效、便捷的国际商事纠纷解决体系。

4.《北京市数字经济促进条例》

2022年11月25日，北京市十五届人大常委会第四十五次会议表决通过《北京市数字经济促进条例》（以下简称《促进条例》），2023年1月1日起施行。条例旨在加强数字基础设施建设，培育数据要素市场，推进数字产业化和产业数字化，完善数字经济治理，促进数字经济发展，建设全球数字经济标杆城市。与上述有关数字经济的国家政策相协调，《促进条例》从技术支持、市场开放、国际合作等领域进行了规定。在市场开放和技术支持上，《促进条例》规定商务部门应当会同有关部门推动数字贸易高质量发展，探索放宽数字经济新业态准入、建设数字口岸、国际信息产业和数字贸易港；支持发展跨境贸易、跨境物流和跨境支付，促进数字证书和电子签名国际互认，构建国际互联网数据专用通道、国际化数据信息专用通道和基于区块链等先进技术的应用支撑平台，推动数字贸易交付、结算便利化。[1] 在深化国际合作方

---

[1]《北京市数字经济促进条例》第29条。

面，《促进条例》鼓励拓展数字经济领域国际合作，支持参与制定国际规则、标准和协议，搭建国际会展、论坛、商贸、赛事、培训等合作平台，在数据跨境流动、数字服务市场开放、数字产品安全认证等领域实现互惠互利、合作共赢。①

七、结语与展望

现代经济是服务经济和数字经济。服务业已发展为全球经济支柱和国际贸易中最具活力的部分，服务业开放合作是推动世界经济疫后复苏的重要力量。

近年来，我国服务业发展面临重要机遇期，服务业深化对外开放、服务业发展制度体系和发展环境系统性优化、服务质量和促进体系不断完善，已成为提升我国服务业国际竞争力、增加服务贸易出口及深度参与国际分工与合作的重要推动力。党的二十大报告提出，创新服务贸易发展机制，发展数字贸易，加快建设贸易强国。② 这是中央统筹国内国际两个大局，对我国服务贸易发展和市场开放所作的重大战略安排。在服务经济和数字经济时代，我国应进一步对标国际经贸规则，密切跟踪和积极参与国际服务贸易规则制定，支持以知识密集、技术密集为主力的新兴服务贸易发展，发展高质量服务贸易。在支持和鼓励服务业新业态新模式发展中，应关注和加强数字贸易相关立法，在合法、有序和安全前提下培育我国服务业进出口新动能。

---

① 《北京市数字经济促进条例》第 56 条。
② 习近平：《高举中国特色社会主义伟大旗帜 为全面建设社会主义现代化国家而团结奋斗——在中国共产党第二十次全国代表大会上的报告》，载《求是》2022 年第 21 期。

中国金融衍生品争议解决年度观察（2023）

郑乃全[*]

一、2022年度金融衍生品市场概况

（一）期货市场

2022年，国内期货市场成交67.68亿手（单边，下同）和534.9万亿元，同比分别下降9.93%和7.96%。全球期货市场成交838.48亿手，国内期货市场成交量占全球总成交量的8.07%，较2021年占比12%下降了约4个百分点。其中国内商品期货与期权成交量为66.16亿手，占全球商品期货与期权总成交量91.53亿手的72.3%，较2021年同期69.8%的占比上升2.5%。从交易所来看，上海期货交易所成交18.2亿手和141.3万亿元，同比分别下降23.09%和26.85%，市场占比分别为26.94%和26.41%。上海国际能源交易中心成交1.2亿手和40.04万亿元，同比分别增长59.73%和86.51%，分别占全国市场的1.78%和7.49%。郑州商品交易所成交23.98亿手和96.85万亿元，同比分别下降7.14%和10.33%，分别占全国市场的35.42%和18.10%。大连商品交易所成交22.75亿手和123.73万亿元，同比分别下降3.77%和11.91%，分别占全国市场的33.62%和23.13%。中国金融期货交易所成交1.52亿手和133.04万亿元，同比分别增长24.44%和12.58%，分别占全国市场的2.24%

---

[*] 郑乃全，北京中衍律师事务所主任、律师。同时，衷心感谢北京中衍律师事务所李亦丹律师、律师助理谭舒予、助理研究员唐梓淳、实习生陈悦、黄柠嫣为本报告作出的贡献。

和 24.87%。广州期货交易所成交 193636 手和 158.40 亿元。[1]

期货市场共上市了 16 个期货期权新品种，包括 2 个期货品种、14 个期权品种。其中，上海期货交易所上市了螺纹钢期权和白银期权；郑州商品交易所上市了菜籽油期权和花生期权；大连商品交易所上市了黄大豆 1 号期权、黄大豆 2 号期权和豆油期权；中国金融期货交易所上市了中证 1000 股指期货、中证 1000 股指期权和上证 50 股指期权；广州期货交易所上市了工业硅期货和工业硅期权；上海证券交易所上市了中证 500ETF 期权；深圳证券交易所上市了创业板 ETF 期权、中证 500ETF 期权和深证 100ETF 期权。

（二）衍生品市场[2]

2022 年，证券公司场外衍生品交易累计新增名义本金 83084.75 亿元，交易笔数 512451 笔。其中，收益互换交易累计新增名义本金 49573.42 亿元，交易笔数 427680 笔；场外期权交易累计新增名义本金 33511.34 亿元，交易笔数 84771 笔。[3]

期货公司风险管理公司场外衍生品交易累计新增名义本金 20470.37 亿元。其中，期权合约累计新增名义本金 13531.84 亿元，远期合约累计新增名义本金 2111.80 亿元，互换合约累计新增名义本金 4826.72 亿元。从标的资产类型来看，商品类衍生品交易累计新增名义本金 15838.28 亿元，个股类衍生品交易累计新增名义本金 2423.48 亿元，股指类衍生品交易累计新增名义本金 1895.63 亿元，交易所基金衍生品交易累计新增名义本金 89.26 亿元，其他类（包括利率、外汇、公司债等）衍生品交易累计新增名义本金 223.72 亿元。[4]

银行间衍生品市场共成交折合人民币 166.5 万亿元，同比略降 0.4%。其中，利率衍生品成交 21.3 万亿元，信用衍生品各品种合计成交 274.7 亿元，汇率衍生品合计成交折合人民币 145.2 万亿元。利率互换市场共成交 24.4 万笔，

---

[1] 《2022 年度期货市场发展概述》，载中国期货业协会网站，http://www.cfachina.org//aboutassociation/associationannouncement/202302/t20230221_36601.html，最后访问日期：2023 年 4 月 29 日。

[2] 本报告所称的衍生品市场是指除期货交易以外的其他金融衍生品的交易市场。

[3] 《场外衍生品》，载中证机构间报价系统股份有限公司网站，https://www.interotc.com.cn/zzbj/jcjk/ysp/index.shtml，最后访问日期：2023 年 3 月 1 日。

[4] 《风险管理公司试点业务报告（2022 年第 12 期–总第 72 期）》，载中国期货业协会网站，http://www.cfachina.org/businessprocess/riskmanagementbusiness/statisticaldata/202301/t20230119_35352.html，最后访问日期：2023 年 3 月 1 日。

同比减少3.4%，名义本金总额21.0万亿元，同比减少0.9%；年末，全市场利率互换存量合约余额合计26.2万亿元，较2021年末增加4.9%。债券远期市场（含标准债券远期）共成交2600.1亿元。全年人民币外汇衍生品市场成交20.4万亿美元，日均成交843亿美元，同比下降4.0%；外币对市场衍生品全年成交1.2万亿元，日均成交51亿美元，同比下降1.2%。①

二、新出台的法律法规和其他规范性文件

（一）《中华人民共和国期货和衍生品法》

2022年4月20日，十三届全国人大常委会第三十四次会议表决通过了《中华人民共和国期货和衍生品法》（以下简称《期货和衍生品法》），自2022年8月1日起施行。《期货和衍生品法》共13章155条，分为总则、期货交易和衍生品交易、期货结算与交割、期货交易者、期货经营机构、期货交易场所、期货结算机构、期货服务机构、期货业协会、监督管理、跨境交易与监管协作、法律责任、附则。主要内容如下：

一是规范和调整在我国境内的期货交易和衍生品交易及相关活动。如境外的期货交易和衍生品交易及相关活动，扰乱了境内市场秩序，损害境内交易者合法权益的，也将依照该法有关规定处理并追究法律责任。

二是规定了期货交易和衍生品交易活动的基本原则。期货交易和衍生品交易活动应当遵守法律、行政法规和国家的有关规定，遵循公开、公平、公正的原则，禁止欺诈、操纵市场和内幕交易的行为。参与各方具有平等的法律地位，应当遵守自愿、有偿、诚实信用的原则。

三是确立了期货市场和衍生品市场的监管体制。全国期货市场由国务院期货监督管理机构依法实行集中统一监督管理，国务院对利率、汇率期货的监督管理另有规定的除外。衍生品市场由国务院期货监督管理机构或国务院授权的部门按照职责分工实行监督管理。此外，还特别规定期货和衍生品行业协会依法对期货市场和衍生品市场实行自律管理。

四是系统规定了期货交易及其结算与交割等期货市场基本制度，确立交

---

① 《〈2022中国银行间市场交易报告〉发布》，载中国外汇交易中心（全国银行间同业拆借中心）网站，https://www.chinamoney.com.cn/chinese/rdgz/20230419/2600297.html#cp=rdgz，最后访问日期：2023年4月19日。

易者保护体系，规范期货经营机构、期货交易场所、期货结算机构和期货服务机构等市场主体的运行，明确期货市场的监督管理等内容。

五是确立了单一协议、终止净额结算、交易报告库、中央对手方集中结算等衍生品交易基础制度，并授权国务院制定具体管理办法，使衍生品市场的发展"有法可依"。

六是规定了跨境交易与监管协作，为境内交易者参与境外期货市场交易提供了法律依据，赋予国务院期货监督管理机构对境外主体的监督管理，并就国务院期货监督管理机构与境外期货监督管理机构建立监管合作做了原则性安排。

七是规定了违法行为的民事赔偿责任。操纵期货市场、衍生品市场的行为，内幕交易行为，编造、传播有关期货交易、衍生品交易的虚假信息或者在期货交易、衍生品交易中作出信息误导等违法行为，给交易者造成损失的，应当依法承担赔偿责任。当违法行为人的财产不足以承担民事赔偿责任和缴纳罚款、罚金、违法所得的，优先用于承担民事赔偿责任。

（二）证监会就贯彻落实《期货和衍生品法》修改、废止部门规章和规范性文件

为做好《期货和衍生品法》的贯彻落实工作，证监会于2022年8月12日发布了《关于修改、废止部分证券期货规章的决定》《关于修改、废止部分证券期货规范性文件的决定》，决定对8部规章、14部规范性文件的部分条款予以修改，对1部规章、1部规范性文件予以废止。

证监会对《期货公司董事、监事和高级管理人员任职管理办法》《期货公司风险监管指标管理办法》《期货投资者保障基金管理办法》《期货公司期货投资咨询业务试行办法》《证券期货经营机构及其工作人员廉洁从业规定》《关于加强证券期货信息传播管理的若干规定》《证券期货业反洗钱工作实施办法》《证券期货投资者适当性管理办法》等8部规章作了配套修改，主要修改内容包括：一是增加《期货和衍生品法》作为上位法的依据；二是取消对期货经营机构从业人员的资格管理；三是完善期货公司董事、监事和高级管理人员的任职条件要求；四是对相关文字表述进行调整。由于《期货和衍生品法》第12条对操纵期货市场的情形进行了列举，能够涵盖《关于〈期货交易管理条例〉第七十条第五项"其他操纵期货交易价格行为"的规定》的相关内容。因此，对《关于〈期货交易管理条例〉第七十条第五项"其他操纵期货交易价格行为"的规定》予以废止。

证监会对《期货公司首席风险官管理规定（试行）》《期货公司保证金封闭管理办法》《期货公司分类监管规定》《期货公司金融期货结算业务试行办法》《期货市场客户开户管理规定》《期货公司风险监管报表编制与报送指引》《期货公司信息公示管理规定》《关于明确期货投资者保障基金缴纳比例有关事项的规定》《关于期货交易所、期货公司缴纳期货投资者保障基金有关事项的规定》《证券投资基金参与股指期货交易指引》《公开募集证券投资基金参与国债期货交易指引》《证券公司参与股指期货、国债期货交易指引》《证券公司为期货公司提供中间介绍业务试行办法》《关于加强证券期货经营机构客户交易终端信息等客户信息管理的规定》等14部规范性文件的部分条款予以修改，主要修改内容包括：一是增加《期货和衍生品法》作为上位法的依据；二是取消对期货经营机构从业人员的资格管理；三是对相关文字表述的调整。此外，《关于建立金融期货投资者适当性制度的规定》所规范事项已经在《证券期货投资者适当性管理办法》中予以规范，因此予以废止。

（三）《证券期货行政执法当事人承诺制度实施办法》

2022年1月1日，《证券期货行政执法当事人承诺制度实施办法》正式施行。该办法所规定的证券期货行政执法当事人承诺，是指国务院证券监督管理机构对涉嫌证券期货违法的单位或者个人进行调查期间，被调查的当事人承诺纠正涉嫌违法行为、赔偿有关投资者损失、消除损害或者不良影响并经国务院证券监督管理机构认可，当事人履行承诺后国务院证券监督管理机构终止案件调查的行政执法方式，规定其实施应当遵循公平、自愿、诚信原则。

《证券期货行政执法当事人承诺制度实施办法》（以下简称《办法》）就证券期货行政执法当事人承诺适用原则、适用基本流程、不适用证券期货行政执法当事人承诺的情形、承诺金的使用和管理方式以及监督制约机制等内容进行了明确的规定。进一步细化完善《办法》相关规定，证监会于《办法》实施之日发布了《证券期货行政执法当事人承诺制度实施规定》，并会同财政部在2015年发布实施的《行政和解金管理暂行办法》的基础上，联合发布《证券期货行政执法当事人承诺金管理办法》。

（四）《商务部 中国人民银行 国家外汇管理局关于支持外经贸企业提升汇率风险管理能力的通知》

为进一步支持外经贸企业提升汇率风险管理能力，促进外经贸企业稳健经营，商务部、中国人民银行和国家外汇管理局于2022年5月联合印发《商

务部　中国人民银行　国家外汇管理局关于支持外经贸企业提升汇率风险管理能力的通知》。

该通知的主要内容包括：一是鼓励银行为企业提供与其风险承受能力相适应、与其套期保值需求相一致的外汇衍生品业务，通过签署风险中性声明函、定期推送信息等方式，提示企业遵循"保值"而非"增值"为核心的汇率风险管理原则；二是鼓励银行持续提升基层机构人民币对外汇衍生品服务能力，创新产品和服务渠道，支持中小银行合作办理人民币对外汇衍生品服务，满足企业多元化汇率避险需求；三是要求各地人民银行、外汇局分支机构要鼓励银行针对中小微外经贸企业特点创新开展外汇衍生品业务，引导加大中小微企业支持；四是要求各地人民银行、外汇局分支机构鼓励银行、担保机构让利实体经济，降低企业特别是中小微企业避险成本。

（五）《国家外汇管理局关于进一步促进外汇市场服务实体经济有关措施的通知》

为进一步促进外汇市场发展，更好服务市场主体管理外汇风险，国家外汇管理局制定发布了《国家外汇管理局关于进一步促进外汇市场服务实体经济有关措施的通知》，主要措施包括：一是金融机构应持续加强服务实体经济汇率风险管理的能力建设；二是丰富对客户外汇市场产品；三是支持中国外汇交易中心和银行间市场清算所股份有限公司提升外汇市场服务水平；四是扩大合作办理人民币对外汇衍生品业务范围；五是支持银行自身外汇风险管理。

该通知自发布之日起实施。《国家外汇管理局关于合作办理远期结售汇业务有关问题的通知》（汇发〔2010〕62号）、《国家外汇管理局关于银行贵金属业务汇率敞口外汇管理有关问题的通知》（汇发〔2012〕8号）和《国家外汇管理局关于完善远期结售汇业务有关外汇管理问题的通知》（汇发〔2018〕3号）同时废止。此前规定与该通知不一致的，以该通知为准。

（六）《中国人民银行　香港证券及期货事务监察委员会　香港金融管理局联合公告》

为促进内地与香港金融衍生品市场共同发展，中国人民银行、香港证券及期货事务监察委员会、香港金融管理局决定同意中国外汇交易中心（全国银行间同业拆借中心）、银行间市场清算所股份有限公司（以下统称内地基础设施机构）和香港场外结算有限公司（以下简称香港基础设施机构）开展香港与内地利率互换市场互联互通合作（以下简称"互换通"）并就相关事宜发布联合公告。公告就"互换通"的定义、"北向通"和"南向通"的开通安排、"互换通"的积极意义、法律法规适用原则、交易品种、监督管理以及准备工作等内容进行了规定。"互换通"将自公告发布之日起 6 个月后正式启动。

三、典型案例

【案例1】期货公司未对居间人进行有效管理，应当就其过错对客户损失承担相应的赔偿责任

【基本案情】

2019年1月25日，陶某某与某期货公司签订《居间合同》，成为期货居间人。2019年5月，张某某进入某交流群，经群内成员介绍联系"吴某"，并于2019年6月在某期货公司开设期货账户，在开户过程中张某某根据"吴某"的指示将居间人填写为"陶某某"。某期货公司对张某某履行了交易者适当性义务。开户后，张某某跟随群内成员在交流群中发出的指令进行期货交易操作，进行螺纹钢期货交易。期货交易期间，张某某共计入金323万元，出金1298207.22元，差额1931792.78元，其中平仓亏损为791740元，手续费支出共计1140052.78元。张某某向一审法院起诉请求判令陶某某、某期货公司连带赔偿其损失及利息。一审法院判决陶某某、某期货公司连带赔偿张某某损失1931792.78元的40%，陶某某、某期货公司向二审法院提起上诉。

【争议焦点】

1.期货居间人的法律地位及应承担的法律责任性质；2.某期货公司是否应当承担法律责任。

【裁判观点】

法院认为，期货居间人是指受期货公司或者客户的委托，作为居间人为其提供订约的机会或者订立期货经纪合同的中介服务，并收取期货公司或者客户依约支付的报酬的机构或者自然人主体，期货居间人应当独立承担基于居间经纪关系所产生的民事责任。期货居间人的法律地位及应承担的法律责任性质，不同于代理人及代理法律关系的性质，不应当参照适用有关代理法律制度的规定认定陶某某及某期货公司的法律责任。本案应根据对各方当事人是否存在过错、过错的性质及大小、过错和损失之间的因果关系，认定当

事人应承担的民事责任及承担责任的方式。

陶某某作为自然人期货居间人具有适当性义务，其行为未履行适当性义务且有违诚实守信、勤勉尽责义务，对张某某期货交易损失的发生具有较大的主观过错，该过错与损失之间具有法律上的因果关系。陶某某应当承担相应的赔偿责任。法院酌定陶某某赔偿张某某损失的30%。

某期货公司对居间人负有管理职责，其未对陶某某进行有效管理，其有能力且应当预见居间人未履行适当性义务会对投资者作出自主交易决策产生不利影响，但仍放任居间人在开展居间业务过程中不履行适当性义务，故某期货公司具有一定过错，法院酌定某期货公司赔偿张某某损失的10%。[①]

【纠纷观察】

本案中，法院以侵权法律关系为责任认定基础，分析期货公司和期货公司居间人的行为对投资者的损失是否存在过错、过错的性质及大小、过错和损失之间的因果关系，从而认定各方应承担的民事责任。特别需要注意的是，本案中法院认为，期货公司对居间人具有管理义务，以及期货居间人具有交易者适当性管理义务。这是法院在对期货市场监管规则的理解基础上所作的扩张性解释，也间接地为期货公司、期货居间人以及交易者三方之间的关系创设了新的责任和义务。虽然我国不是判例法系国家，但是该判决仍会对市场产生一定指引作用。特别是对北京地区同类型案件的裁判将有示范效应。期货公司和期货居间人应引起注意。建议期货公司按照行业自律规则做好期货居间人的规范和管理，避免因疏于管理被交易者追究相应法律责任。

【案例2】委托他人操作期货账户交易的协议构成民间委托理财合同，因约定保底条款无效

【基本案情】

2021年7月13日，成某作为甲方（资金投资方）与某投资公司作为乙方（资金管理方）签订资产管理协议，约定：甲方投资金额50万元，资金托管周期为12个月，乙方资金管理周期结束时甲方账户权益不低于初始投资本金50万元。托管期内甲方允许最大资金回撤在20%以内，如到达20%回撤，乙方

---

① 北京市高级人民法院（2021）京民终288号民事判决书。

必须在两个交易日内补齐本金至初始水平，否则甲方有权强平所有持仓，合同终止，甲方对亏损部分有追索权。甲方委托资产直接由甲方汇入其在某期货公司开立的资金账户。后成某交易中账户资金出现亏损，超过了20%的最大资金回撤，成某要求某投资公司尽快补仓，某投资公司未按约定进行补仓，成某根据协议约定自行平仓。成某向一审法院起诉请求解除某投资公司与成某签订的《资产委托管理协议》，某投资公司向成某偿还投资款人民币亏损额100913元，并支付利息。一审法院判决某投资公司于判决生效后十日内向成某返还50456.5元，某投资公司向二审法院提起上诉。

【争议焦点】

成某与某投资公司之间的《资产委托管理协议》的性质、效力及损失的承担。

【裁判观点】

法院认为，委托理财合同是指因委托人和受托人约定，委托人将其资金、证券等金融性资产委托给受托人，由受托人在一定期限内管理、投资于金融市场的资产管理活动的合同，其特征为委托人将自有资金注入其自有的或指定的交易账户，委托受托人使用该资金用于理财交易，但不能擅自处分。民间委托理财，是指由非金融机构作为受托人的委托理财形式。成某与某投资公司签订的《资产委托管理协议》，符合委托理财合同的法律特征，应属民间委托理财合同。

成某与某投资公司签订《资产委托管理协议》，委托某投资公司进行高风险的期货投资，但是在合同中约定"确保资金管理周期结束时成某账户权益不低于初始投资本金50万元"，实际上改变了期货投资交易本身应体现的风险与收益并存的基本特征，导致合同双方当事人之间存在权利义务不对等的情形。作为接受委托的当事人，某投资公司不得向委托人承诺收益、保本或者无条件补足差额，否则既不符合其接受委托从事期货投资活动应当承担的风险，也不符合期货交易的市场规律和公平原则。因此，《资产委托管理协议》约定了保底条款，且保底条款系委托理财合同的目的条款和核心条款，应属于无效协议。对于协议无效，成某与某投资公司均存在过错，法院酌定各承担损失的50%。[①]

---

① 北京金融法院（2022）京74民终935号民事判决书。

【纠纷观察】

本案是一起自然人委托非金融机构以委托人的资金进行期货投资活动的民间委托理财合同纠纷案件。从判决文书所述可知，法院对非金融机构作为受托人使用委托人的资金代为进行期货投资的行为合法性并不存异议，认为是一种民间委托理财的形式。法院从保底条款的效力作为切入口，通过否定当事人所约定的保底条款的效力，进而认定整个委托理财合同无效。本案裁判结果提醒投资者，约定保底条款无法实现投资者保护本金不受损失的目的，投资者应自行判断委托理财活动的相关交易风险，做出明智的投资决策。

【案例3】"原油宝"产品协议有效，金融机构未按约定方式进行强制平仓，应承担相应的违约责任

【基本案情】

王某某系某银行客户，经介绍王某某准备购买"原油宝"产品，并于2020年4月1日通过手机银行APP与某银行签署《金融市场个人产品协议》，并设立个人交易专户。根据协议约定，甲方（王某某）交易专户中保证金充足率降至乙方（某银行）规定的最低比例（含）以下时，乙方将按照单笔亏损额从大到小的顺序进行逐笔强制平仓，直至保证金充足率上升至乙方规定的最低保证金比例以上。强制平仓保证金最低比例要求为20%。签约当日，王某某开始进行"原油宝"交易，截至2020年4月20日，持有到期的人民币美国原油2005合约数量为800桶，到期的美元美国原油2005合约数量为700桶，总本金分别为98928元、11914美元。2020年4月22日2时22分26秒，某银行对王某某持仓的700桶"美元美国原油2005合约"强制平仓，平仓结算价为–37.63美元，平仓损益为38255美元，其中本金损失11914美元，负价损失为26341美元；2020年4月22日5时2分15秒，某银行对王某某持仓的800桶"人民币美国原油2005合约"强制平仓，平仓结算价为–266.12元，平仓损益为311824元，其中本金损失98928元，负价损失为212896元。随之王某某保证金账户被扣划99968元（含本金98928元）、15028.66美元（含本金11914美元）。王某某向法院起诉请求某银行赔偿其购买人民币和美元原油2005合约（"原油宝"）本金100000元人民币及12000美元。

【争议焦点】

1. 案涉产品协议是否有效；2. 某银行是否尽到适当性义务；3. 王某某主张的损失是否应该支持。

【裁判观点】

法院认为，某银行已尽到适当性义务，双方当事人就投资"原油宝"产品事项签订的产品协议系双方真实意思表示，协议内容不违反法律、行政法规的强制性规定，合法有效。产品协议约定"甲方交易专户中保证金充足率降至乙方规定的最低比例（含）以下时，乙方将按照单笔亏损额从大到小的顺序进行逐笔强制平仓，直至保证金充足率上升至乙方规定的最低保证金比例以上。目前强制平仓保证金最低比例要求为20%"。某银行未能按照产品协议的约定进行强制平仓，导致王某某原可以止损的20%本金亦损失殆尽，构成违约。因此，本金人民币98928元及11914美元中的20%即人民币19785.6元、2382.8美元应由某银行进行赔偿。①

【纠纷观察】

本案中，法院未对"原油宝"产品的性质进行具体分析，而是直接对当事人所签署的产品协议进行效力认定，认可产品协议真实合法有效。在确认某银行已履行适当性义务的前提下，法院根据产品协议的约定以及相关事实，认定某银行未按照协议的约定进行强制平仓，构成违约，判决赔偿王某某本金20%的损失。至于产品负价损失部分则由某银行自行承担。本案体现了司法机关对金融机构产品创新的司法保护，尊重交易主体之间真实的意思表示，不主动调整和干预平等主体之间的交易法律关系。在确认金融机构履行了适当性义务的前提下，依据交易双方的约定，结合具体事实，依法平等保护双方的合同利益，符合自愿、有偿和诚实信用的原则。

【案例4】《差额付款合同》合法有效，差额付款义务人应履行差额补足义务

【基本案情】

2020年10月30日，某基金公司（甲方）与某实业集团、陈某某、朱某某（乙方）签订《差额付款合同》，约定甲方拟发行设立专项计划资金直接或

---

① 吉林省长春市二道区人民法院（2021）吉0105民初2723号民事判决书。

间接参与认购某集团公司于香港首次公开发售的股票，参与形式包括但不限于境外直接投资、使用 QDII 基金、场外期权、跨境收益互换产品或其他类似跨境资管计划等，乙方同意按合同约定为甲方承担上述资金运用所发生的甲方现金净收益金额与甲方项下受益人预期投资利益差额的连带支付义务，无条件不可撤销地承诺支付前述的差额。此外，乙方承诺为甲方本次投资履行补仓义务，专项计划设置平仓线和补仓机制，平仓线设定为专项计划初始委托资金总额的 0.75，在专项计划下【专项计划直接和/或间接持有的标的股票市值＋专项计划直接和/或间接持有除标的股票外其他资产价值（如有）＋专项计划内追加的保证金（如有）】小于或等于平仓线时，乙方应当按照约定无条件承担追加资金义务，否则甲方有权处置专项计划直接和/或间接所持标的股票。处置后，乙方仍需向甲方依约承担差额支付义务。

合同签订后，某基金公司设立了某基金，并代表某基金与某公司进行场外衍生品交易，认购某集团公司香港上市的标的股票，某公司通过跨境收益互换交易进行风险对冲。2021 年 11 月 15 日和 16 日，标的股票的收盘价均低于平仓线价格，满足某实业集团的补仓条件，某基金公司分别于 2021 年 11 月 15 日、2021 年 11 月 17 日向某实业集团发函要求补仓，但某实业集团未予履行。某基金公司对其间接持有的标的股票进行平仓出售处置，某基金发生损失，随后向法院起诉请求某实业集团、陈某某根据《差额付款合同》的约定继续向其支付差额补足款。

【争议焦点】

某实业集团、陈某某是否需向某基金公司履行差额补足义务。

【裁判观点】

法院认为，某实业集团、陈某某应向某基金公司履行差额补足义务。某基金公司已通过收益互换的方式间接认购并持有标的股票，其平仓行为符合《差额补足合同》的约定，平仓后有权依约要求某实业集团、陈某某履行差额补足义务。[1]

【纠纷观察】

本案当事人虽因《差额付款合同》引发争议，实际涉及案件当事人通过场外衍生品交易进行跨境证券投资的交易活动。《差额付款合同》约定，一方

---

[1] 北京市朝阳区人民法院（2022）京 0105 民初 14555 号民事判决书。

对另一方通过收益互换工具投资境外证券所产生的约定差额承担补足的义务。法院充分尊重当事人真实的意思表示，认定《差额付款合同》合法有效，并依据合同的约定判决差额付款义务人承担差额补足的义务。本案一方面从司法层面认可了证券收益互换交易损失保障安排的合法性；另一方面间接提示市场主体在签署该类协议之前，应特别注意该协议所涉基础交易类型、风险以及合同履行的具体条件和要求。

【案例5】涉外金融服务客户协议中约定的区别适用的协议管辖条款合法有效

【基本案情】

2018年9月，朱某通过电子网站注册成为某境外金融服务公司用户，并通过网页页面勾选同意的方式与某金融服务公司签订《零售客户协议》等交易条款文件。该《零售客户协议》第19.2条约定，澳大利亚新南威尔士州法院对双方纠纷具有排他性诉讼管辖权，双方放弃对管辖权的抗辩，但某金融服务公司可以为己方利益选择其他相关司法管辖区提起诉讼。此后，朱某通过互联网向其注册的账户内存入一定金额人民币，该款项后被兑换为外币并进行了外汇保证金交易。后双方就交易产生纠纷，朱某向一审法院起诉请求认定其与某金融服务公司之间的外汇买卖合同无效，并请求某金融服务公司向其返还本金及相应利息。一审法院裁定其不具有管辖权，驳回朱某起诉，朱某遂向二审法院提起上诉。

【争议焦点】

《零售客户协议》中的协议管辖条款是否合法有效，本案应否适用该协议管辖条款确定管辖。

【裁判观点】

法院认为，朱某注册为某金融服务公司用户，向账号内存入人民币，后人民币被兑换成外币，目的是能够在某金融服务公司提供的交易平台进行外汇保证金交易，双方形成网络金融服务合同关系，现双方就此发生争议，应适用双方基于金融服务合同关系签署的《零售客户协议》所约定的协议管辖条款确定管辖。

朱某与某金融服务公司在《零售客户协议》约定澳大利亚新南威尔士州

法院对双方纠纷具有排他性诉讼管辖权,双方放弃对管辖权的抗辩,但某金融服务公司可以为己方利益选择其他相关司法管辖区提起诉讼。上述协议管辖条款不违反现行法律法规规定,应属合法有效,双方当事人均应受该协议管辖条款的约束。

对于朱某提出的《零售客户协议》中的协议管辖条款系格式条款,且明显限制和排除中国境内投资者的主要权利,应属无效的观点,法院认为某金融服务公司在朱某以勾选方式接受的《零售客户协议》首页以加黑加粗字体提示用户认真阅读协议全文,并表明用户通过该网站以电子方式提交申请书,即确认已收到、阅读并理解协议内容及同意某金融服务公司按照协议的条款提供金融产品服务。据此可以认定,某金融服务公司已经就其提供的格式条款尽到了采用合理方式提示用户注意的法定义务。[1]

【纠纷观察】

本案是境内投资者通过互联网方式接受境外金融服务过程中,因交易损失寻求我国司法保护,但由于其与境外主体所签署的客户协议中约定了排他性诉讼管辖条款,最终无法受到我国法院的司法保护。本案提示境内投资者在参与境外交易时,应对所签署协议的管辖条款予以重点关注,以确保在合法权益受到损害时可以选择更为方便的协议诉讼管辖条款,应尽量约定我国法院具有管辖权。

此外,法院认为,只要当事人之间所约定的管辖条款不违反国家现行法律法规的规定,均可认定合法有效。允许当事人约定区别适用的协议管辖条款,对同一协议项下的主体可以约定不同的管辖规则。如本案中,当事人虽原则性约定某一法院对双方纠纷具有排他性诉讼管辖权,但允许其中一方可以为其利益选择其他相关司法管辖区提起诉讼,法院对该约定予以支持。因此,当事人可在现行法律法规规定下充分利用协议诉讼管辖的自由,设计适合的协议诉讼管辖条款。

四、热点问题观察

(一)期货交易认定新标准

《期货和衍生品法》第 3 条第 1 款规定,本法所称期货交易,是指以期货

---

[1] 北京市高级人民法院(2021)京民终893号民事裁定书。

合约或者标准化期权合约为交易标的的交易活动。其中，期货合约是指期货交易场所统一制定的、约定在将来某一特定的时间和地点交割一定数量标的物的标准化合约。标准化期权合约是指期货交易场所统一制定的，约定买方有权在将来某一时间以特定价格买入或者卖出约定标的物（包括期货合约）的标准化合约。①

与《期货交易管理条例》相比，新法下的期货交易已不再将"采用公开的集中交易方式或者国务院期货监督管理机构批准的其他方式进行"作为期货交易认定的要件。期货交易的外延明显扩大，只要以期货合约或标准化期权合约为交易标的的活动依法应认定为期货交易。根据《期货和衍生品法》第11条的规定，期货交易只能在依法设立的期货交易所或者国务院期货监督管理机构依法批准组织开展期货交易的其他期货交易场所，采用公开的集中交易方式或者国务院期货监督管理机构批准的其他方式进行，禁止在期货交易场所之外进行期货交易。

因此，除法定期货交易场所，任何人不得向市场主体供给统一制定的标准化合约，约定在将来某一特定的时间和地点交割一定数量标的物，或者约定买方有权在将来某一时间以特定价格买入或者卖出约定标的物（包括期货合约），否则组织标准化合约的交易将被认定为非法期货交易。市场主体在组织开展相关交易活动时，应注意避免落入期货交易的定义范畴，合规开展业务。

（二）中国法下终止净额结算机制有效性

2022年8月1日，《期货和衍生品法》正式施行，该法对终止净额结算规则进行了专门规定，明确了终止净额结算的法律效力。终止净额结算适用的前提是依法采用主协议的方式从事衍生品交易，当发生约定的情形时，一方可以依照协议约定终止主协议项下所有存续的交易，并对主协议项下的全部交易盈亏经过轧差形成净额后进行结算。此外，法律特别规定，依法进行的净额结算，不因交易任何一方依法进入破产程序而中止、无效或者撤销，即承认终止净额结算具有对抗《企业破产法》的效力，解决了境外关于中国法下终止净额结算效力不确定的问题。同日，国际掉期与衍生工具协会（International Swaps and Derivatives Association，"ISDA"）发布一项新的法律意见书，认可

---

① 《期货和衍生品法》仅就期权合约进行定义，并未对标准化期权合约作出规定。该定义是基于期货合约和期权合约的定义所作出的解释。

中国法下终止净额结算的可执行性。

中国法下终止净额结算机制有效性的确立，一是降低了境内外机构之间开展衍生品交易的资金成本，大幅减少保证金和监管资本计提的占用，提高市场交易效率和流动性，提高境内金融衍生品市场国际竞争力；二是保障了衍生品交易的安全性和稳定性，有利于吸引更多的境外交易者进入我国场外衍生品市场开展交易，提高我国场外衍生品市场国际化程度；三是促进了国内金融机构和其他市场主体进入国际金融市场开展交易，利用更多金融衍生工具进行风险管理活动。

（三）国有企业参与期货和衍生品交易的相关政策

《期货和衍生品法》规定，国家鼓励利用期货市场和衍生品市场从事套期保值等风险管理活动，其中当然也包括鼓励国有企业利用两个市场开展相关风险管理活动。根据《期货交易管理条例》及国务院国资委的相关规定，国有企业从事期货和衍生品交易应当遵循套期保值的原则，不得从事任何形式的投机交易。如国有企业是银行、期货、保险、证券等持牌类金融机构，其是否可以开展投机交易应当按照金融监管机构的规定进行判断。国有企业可以从事境外期货交易和衍生品交易，但应当优先选择境内交易场所。如国有企业未经营相关境外实货业务的，按规定不得从事境外期货和衍生品交易。相关业务外汇管理按照国家外汇管理局的规定进行处理。

当国有企业作为交易者参与境内或境外期货交易时，原则上应当委托符合法律规定的期货经营机构进行。如国务院或国务院期货监督管理机构有特别规定，国有企业也可以直接进入境内外期货交易场所进行交易。根据《期货和衍生品法》的规定，参与期货交易的国有企业应依法建立与其交易合约类型、规模、目的等相适应的内部控制制度和风险控制制度。虽法律未对参与衍生品交易作出同样的规定，但根据法律的基本精神，参与衍生品交易的国有企业也应建立相应的制度。此外，国有企业在从事具体的期货交易或衍生品交易时应严格遵守国资委以及金融监管部门的相关规定。如国有企业合规地参与期货和衍生品交易，即使发生交易损失或其他后果，国有企业经营管理有关人员也可避免被追究责任。

五、结语与展望

2022年，《期货和衍生品法》的出台，开启了我国金融衍生品市场发展的新篇章。新法配套规章、规范性文件以及行业自律规则的立、改、废、释工作稳步推进，金融衍生品市场法律制度体系日益健全和完善。随着期货合约品种和标准化期权合约品种的上市实行注册制，期货市场上市新品种合约数量不断增加，为境内外市场主体提供了更为丰富的风险管理工具，进一步提升了期货市场服务实体经济的能力。单一协议、终止净额结算、交易报告库、中央对手方集中结算等国际通行的衍生品市场基础制度的确立，为我国衍生品市场的法治化、市场化、国际化的发展提供了坚实的法律保障，衍生品市场进入了快速发展阶段。

2022年，通过对中国裁判文书网的裁判文书的检索，尚未发现直接适用《期货和衍生品法》进行裁判的案例。涉及期货交易的案件主要包括以下类型：一是大宗商品交易平台开展非法期货交易所引发损失赔偿的纠纷；二是期货经纪合同纠纷；三是期货居间介绍纠纷；四是委托操作期货账户的投资理财合同纠纷。涉及衍生品交易可检索裁判文书的数量较少，可能的原因是衍生品交易争议解决方式以商事仲裁为主，已检索到的案件主要涉及"原油宝"产品、跨境外汇交易、跨境证券收益互换等相关纠纷。从检索的裁判文书内容可以发现，司法机关一方面对于金融衍生品市场创新性产品和服务给予充分的司法保护和支持，在不违反国家法律法规的前提下，尊重当事人的意思表示自由，认可当事人所订立合同的效力；另一方面通过裁判平衡金融机构与客户之间的权利义务，加大金融机构对客户的相关责任和义务。此外，为保护期货交易者的合法权益，期货和衍生品法规定了调解机制。交易者与期货经营机构等发生纠纷的，双方可以向行业协会等申请调解。普通交易者与期货经营机构发生期货业务纠纷并提出调解请求的，期货经营机构不得拒绝。

展望2023年，《期货和衍生品法》及其配套制度将进一步落地实施，金融衍生品市场将迎来创新发展新阶段，期货合约品种、标准化期权合约品种以及其他金融衍生工具的供给将更加丰富，境内市场将吸引更多境外主体参与，境内主体也将走向国际市场，利用全球的金融衍生工具管理生产经营风险。金融衍生品交易和服务的发展也将带来新的争议和新的法律问题。相信2023年，《期货和衍生品法》适用的第一案将会诞生，金融衍生品法治化建设也将迈向新的征程。

中国科技创新争议解决年度观察（2023）

高蔚卿[*]　毕秀丽[**]

一、概述

（一）2022年科技创新发展概况

2022年，我国继续深入实施创新驱动发展战略，科技创新工作取得显著成就。中国空间站、深潜科考、大飞机、深空探测、量子传输、质子治疗等重大科技项目和关键核心技术取得突破性进展；全社会研发经费年度支出3.09万亿元，研发投入强度达到2.55%，年度研发人员超过600万人；授权专利权432.3万件，其中发明专利79.8万件，每万人高价值专利拥有量达到9.4件；高新技术企业达到40万家，专精特新中小企业超过7万家，专精特新中小企业在新上市企业中占比59%，累计1300多家专精特新中小企业在A股上市，占A股上市企业总数的27%；积极打造有利于国际技术交流合作的创新生态，与160多个国家和地区建立科技合作关系，参与200多个国际组织和多边机制，在应对气候变化、清洁能源、新冠疫情防控等重点领域广泛开展国际合作研究，参与热核聚变实验堆、平方公里阵列射电望远镜等国际大科学工程；《科学技术进步法》重新修订后颁布实施，《关于营造更好环境支持科技型中小企

---

[*] 高蔚卿，北京德恒律师事务所高级顾问、中国工业绿色发展智库中心研究员，北京仲裁委员会/北京国际仲裁中心仲裁员。

[**] 毕秀丽，北京德恒律师事务所高级合伙人。

业研发的通知》《要素市场化配置综合改革试点总体方案》《推动知识产权高质量发展年度工作指引》等一批支持创新的规范性文件和政策措施先后出台。2022年，我国全球创新指数排名跃升至第11位，成功进入创新型国家行列。

（二）科技创新争议案件的主要特点

通过对400家科技企业[①]已结案件的统计,[②]我们发现科技企业的法律纠纷案件有以下几个方面的特点：一是争议案件数量多、覆盖面广，对企业成长发展影响较大。从案件数量看，样本企业已结案件共计1736件，平均每家企业4.3件，其中案件数量超过10件的企业75家，占比18.75%。从案件分布看，涉案企业数量为265家，占样本企业的66.25%。从处理结果看，不同类型案件的处理结果存在较大差异，但总体效果不理想。比如在融资纠纷案件中，样本企业在股权融资案件中的胜诉率均值超过60%，但在债权融资案件中的败诉率接近80%。从案件影响看，虽然部分案件争议金额不高，但对企业的成长发展影响很大。比如，有的企业技术研发和业务布局因专利权属纠纷受到重大影响，有的企业因为对赌失败创始人失去企业控制权，有的企业因供应链和产品加工纠纷造成资金链断裂等。特别是对处于成长阶段的科技企业而言，由于资源约束和外部环境的不确定性，企业本身抗风险能力很弱，因法律纠纷案件造成创新进程中断甚至破产清算的案例并不鲜见。

二是案件类型多样、成因复杂，涉及企业经营管理的各个环节。从案件类型看，样本企业法律纠纷案件涉及公司治理、股权纠纷、劳动争议、资金借贷和融资、技术合作、知识产权、产品设计加工、市场推广、产品销售等多个领域。从案件成因看，有些案件是由于政策变化、市场环境等不确定性因素造成的，但也有大量案件与外部环境并没有太多关联，发生纠纷的直接原因是企业缺乏管理意识、风险意识和法律意识，比如不考虑企业实际情况盲目接受不合理的投资条件为公司治理纠纷和投资退出争议埋下隐患，对合作伙伴的履约能力和资质不进行必要审查引发各类合同纠纷，争议发生后不

---

① 样本企业中，成长阶段和成熟阶段的企业各200家。其中，成长阶段的科技企业主要来源于北京、上海、深圳、广州、苏州、西安及其他重点城市科技部门认定的"金种子"企业、专精特新企业、部分科技园区和投资机构重点投资的企业；成熟阶段的科技企业主要来源于科创板上市公司和新三板挂牌高技术企业。

② 案件数据主要来源于中国裁判文书网、北大法宝等公共信息平台。

及时处理造成矛盾激化和损失扩大等。

三是案件结构的阶段性特征明显,客观反映了企业的成长规律。科技企业法律纠纷案件的阶段性特征主要体现在两个方面:一是从不同阶段看,在成长阶段,企业主诉案件占比约为33%,案件处理中也很少采用财产保全、诉讼保险等措施,反映出科技企业在这一阶段普遍存在维权意识不强、法律支撑和应对能力不足问题;在成熟阶段,企业主诉案件占比显著提高到60%以上,同时因财产保全、保全保险、执行异议等发生争议的案件数量明显增加,表明企业在这一阶段已具备较强的法律维权意识和案件处理能力。二是从纠纷类型看,成长阶段和成熟阶段的案件结构存在较大差别。比如在进入成熟阶段后,因产品加工和供应链纠纷引发的案件占比大幅下降,因市场推广和产品销售发生的案件数量则明显上升;在成长阶段,因购置设备和生产设施发生的案件很少,但进入成熟阶段后基于固定资产构建发生的纠纷数量和占比则快速增加。此外,虽然技术纠纷和劳动争议案件在两个阶段的占比都比较高,但案件成因和结构并不相同,以劳动争议为例,企业成长阶段的案件成因很大程度上与管理制度不健全、规范管理意识不强相关,企业成熟阶段的案件则与激励机制、人才结构变化紧密相关。上述差异在一定程度上反映了科技企业在不同阶段的发展策略、业务重心和管理特点及其变化情况。

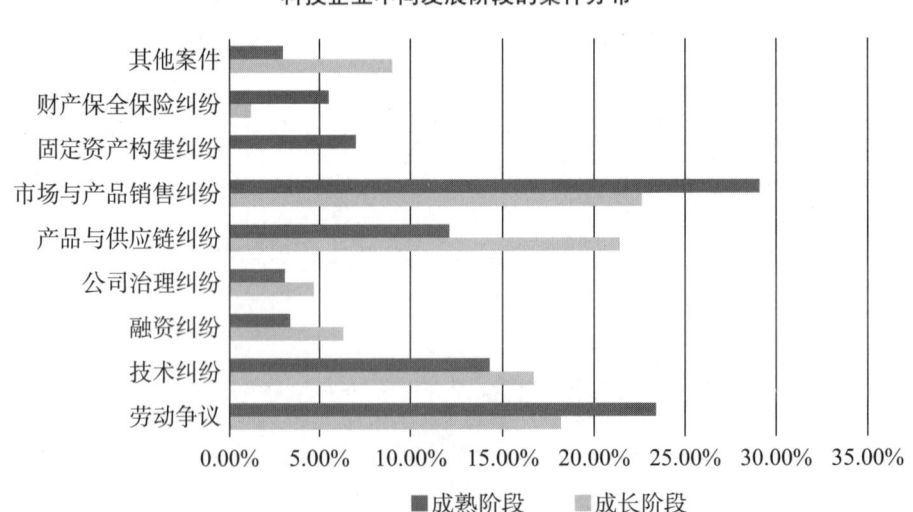

科技企业不同发展阶段的案件分布

四是影响案件效果的因素较多，对争议解决的专业能力要求更高。科技案件本身具有较强的技术性，在证据收集、事实认定、法律适用等方面面临大量艰巨复杂的工作，比如在海斯凯尔与弹性测量体系弹性推动公司等专利侵权纠纷案中，虽然海斯凯尔最终胜诉，但案件审理过程长达数年，其间大量时间精力用于事实调查、证据收集、司法鉴定等工作。此外，科技类案件的复杂性并不仅限于技术领域，政策变动、业务模式创新、新技术和新产品应用等都对案件的处理效果具有重大影响。比如，在远程医疗领域，医疗政策变动对企业投融资活动及业务合作的影响非常显著，如何认定政策变动的影响及其范围直接关系到案件的处理思路；在新能源汽车动力电池租赁领域，针对传统燃油汽车的市场准入和登记备案规则与实践中业务模式的创新发展存在明显的不适应；在新型渠道快速发展的背景下，不仅要厘清各种市场合作中的法律关系，也要慎重考虑其中的政策导向和价值取向。

二、新出台的法律法规或其他规范性文件

（一）《科学技术进步法》

重新修订的《科学技术进步法》自 2022 年 1 月 1 日实施，共 12 章，117 条。作为我国科技领域具有基本法性质的法律，新修订的《科学技术进步法》对加快我国科技创新步伐，完善国家创新体系，深入实施创新驱动发展战略提供了有力支撑。新法在立法原则、调整范围、制度创新等方面的主要变化包括：一是完善创新免责制度，为科学技术人员提供宽松的科研环境，保护科学技术人员自由探索，减轻事务性负担保障科研时间；二是坚持"以人为本"，激发科研人员的创新活力，鼓励科研单位采取股权、期权、分红等方式激励科学技术人员，探索赋予科学技术人员职务科技成果所有权或者长期使用权制度；三是鼓励科学技术研究开发，支撑实现碳达峰碳中和目标；四是支持发展新型研究开发机构等新型创新主体，积极培育具有影响力和竞争力的科技领军企业，充分发挥科技领军企业的创新带动作用；五是建立健全以国家实验室为引领、全国重点实验室为支撑的实验室体系；六是加快战略人才力量建设，优化科学技术人才队伍结构，完善战略科学家、科技领军人才等创新人才和团队培养机制，实施相关配套政策；七是坚持人才引领发展的战略地位，深化人才发展体制机制改革，为科学技术人员潜心科研创造良好环境和条件；八是加强科技伦理治理，明确科研单位科技伦理管理主体责任，建立健全科技伦

理审查机制。

（二）《要素市场化配置综合改革试点总体方案》

2021年12月21日，国务院办公厅印发《要素市场化配置综合改革试点总体方案》，根据土地、劳动力、资本、技术、数据、资源环境等不同要素的属性、市场化程度差异和经济社会发展需要等进一步推动要素市场制度建设。（1）资本要素方面。积极支持推广"信易贷"模式，鼓励金融机构开发与中小微企业需求相匹配的信用产品；探索建立中小企业坏账快速核销制度；发展多层次股权市场，创新三板市场股债结合型产品，丰富中小企业投融资工具；探索加强区域性股权市场和全国性证券市场板块间合作衔接的机制。（2）技术要素方面。强调完善科技创新资源配置方式，探索对重大战略项目、重点产业链、创新链和创新资源协同配置；构建项目、平台、人才、资金等全要素一体化配置的创新服务体系；强化企业创新主体地位，支持行业领军企业通过产品定制化研发等方式，为关键核心技术提供早期应用场景和适用环境；推进技术和资本要素融合发展，支持优质科技型企业上市或挂牌融资；完善知识产权融资机制，扩大知识产权质押融资规模，鼓励保险公司积极开展科技保险业务，依法合规开发知识产权保险、产品研发责任保险等产品。（3）数据要素方面。支持探索建立流通技术规则，聚焦数据采集、开发、流通、使用、保护等全生命周期制度建设；推动数据采集标准化和流通应用，探索"原始数据不出域、数据可用不可见"交易范式，实现数据使用"可控可计量"；深入推进人工智能社会实验，开展区块链创新应用试点；探索以数据为核心的产品和服务创新，支持打造统一的技术标准和开放的创新生态；推动完善数据分级分类安全保护制度，探索制定大数据分析和交易禁止清单。

（三）最高人民法院相关规范性文件

2022年1月13日，最高人民法院印发《关于充分发挥司法职能作用 助力中小微企业发展的指导意见》，从营造公平竞争的市场环境、加强企业产权保护、缓解融资难融资贵问题、加快办理企业账款案件等六个方面提出了支持中小微企业发展、促进创新创业的20条措施。其中，第5条规定，继续完善一站式多元解纷机制，切实降低企业诉讼成本；第6条规定，依法保护中小微企业的商业秘密，规制滥用知识产权阻碍创新的不法行为；第10条规定，对符合法律规定的仓单、提单、汇票、应收账款、知识产权等权利质押，以及保兑仓交易依法认定有效，支持金融机构创新服务中小企业信贷产品，合理限制交易费用，切实降低企业融资成本；第12条、第13条规定，将相关拖欠企业账款案件纳入快审快执"绿色通道"，为中小微企业以显失公平为由请求撤销相关不公平支付条件或不合理支付期限等约定或协议的请求提供司法支持；第17条、第18条规定，全面清查超标查封、乱查封问题，对中小微企业审慎采取财产保全措施，切实制止损害企业合法权益的行为。

2022年6月23日，最高人民法院发布《关于为深化新三板改革、设立北京证券交易所提供司法保障的若干意见》，该意见共四个部分、14个条文。其中，第5条规定，对北交所及其上市公司所属案件由北京金融法院集中管辖；第6条规定，各级法院在审理涉北交所相关案件时，全面参照执行科创板、创业板司法保障意见的各项司法举措，充分考虑中小企业和科技创新企业的特点；第8条规定，应当尊重创新型中小企业的创业期成长特点，对其信息披露质量的司法审查标准不宜等同于发展成熟期的沪深上市公司，做到宽严适度，对于财务报表中的不实记载系由会计差错造成的，在信息披露文件中的技术创新、研发预期等无法量化内容的宣传进行合理商业宣传的，以及信息披露文件中未予指明的相关事实对于判断发行人的财务、业务和经营状况等无足轻重的，可视情形根据《虚假陈述司法解释》第6条第1款、第10条第3款等规定，认定该虚假陈述内容不具有重大性，为创新型中小企业创业创新营造良好环境；第9条规定，对于为获得融资而与投资方签订的"业绩对赌协议"，如未明确约定公司非控股股东与控股股东或者实际控制人就业绩补偿承担连带责任的，对投资方要求非控股股东向其承担连带责任的诉讼请求不予支持，对投资方利用优势地位与上市公司及其控股股东、实际控制人或者主要股东订立的"定增保底"性质条款，因其变相推高企业融资成本、违反证券法公平原则和相关监管规定，依法认定该条款无效；第10条规定，要通过优化审判执行程序降低创新型中小企业诉讼成本，处理可能对创新型中小企业持续稳定经营构成较大影响的诉讼案件时，要充分听取中小企业的诉求。

（四）科技部及其他部委发布的规范性文件

2022年1月11日，科技部办公厅印发《关于营造更好环境支持科技型中小企业研发的通知》，提出到"十四五"末，科技型中小企业数量新增20万家，"四科"标准科技型中小企业新增5万家。该通知从优化企业研发资助模式、引导创新要素向企业聚集，落实科技型中小企业研发费用加计扣除、高技企业税负减免，鼓励金融资本支持企业创新、拓宽融资渠道，支持科技企业集聚高端人才、引进国际人才，以及为科技创新提供应用场景、完善政府采购制度等方面提出了一系列支持措施。

2022年5月12日，工业和信息化部、国家发展改革委、科技部、财政部等11部委联合发布《关于开展"携手行动"促进大中小企业融通创新（2022—2025年）的通知》，要求通过"携手行动"，引导大企业向中小企业开放创新资源要素，按产业链组织专精特新中小企业与大企业对接，引导平台企业完善供应链上下游企业利益共享机制，鼓励大企业打造符合中小企业特点的数字化服务平台，引导各类投资基金加大对产业链供应链上下游企业的组合式联动投资等。该通知以创新链、产业链、供应链、数据链、资金链、服务链、人才链等合作为重点，为加强科技企业融通创新，激发中小企业的创新潜力提供了制度支撑。

2022年8月18日，科技部、国家发展改革委、工业和信息化部等9部委联合发布《科技支撑碳达峰碳中和实施方案（2022—2030年）》，在统筹科技创新和政策创新基础上，提出了包括能源、建筑、交通、技术产出和成果应用、项目建设等10个方面的重点工作，并从体制机制改革、技术跟踪检测、技术成果保护等角度明确了具体工作措施和保障措施。其中，推进完善国家科技知识产权相关法律法规建设、推动建立低碳技术侵权行为信息记录纳入全国公共信用共享平台等措施对科创企业的技术方向和创新方式具有较大影响。

2021年12月31日，国家互联网信息办公室、工业和信息化部、公安部、国家市场监督管理总局联合发布《互联网信息服务算法推荐管理规定》，自2022年3月1日起施行。该规定包括总则、信息服务规范、用户权益保护、监督管理、法律责任、附则共六章，35条，对算法推荐技术的概念、算法推荐服务企业的权利义务、监管措施、法律责任等进行了全面规范。其中，第6条、第8条、第10条、第13条、第14条、第15条、第18条、第21条明确规定了算法推荐服务提供者应坚持的服务原则和禁止性义务，包括算法推荐服务应坚持主流价值导向、促进算法应用向上向善、禁止利用算法从事违法活动、禁止设置违法或背德模型、禁止设置违法兴趣点或用户标签、禁止虚假操作、禁止向未成年人推送诱导信息、禁止"大数据杀熟"等。

三、典型案例

【案例1】科技企业实施员工持股计划中的突出问题：Y计算机技术合伙企业（以下简称Y合伙企业）与张××合同纠纷案[①]

【基本案情】

　　M科技有限公司（以下简称M公司）的主营业务是大数据和信息技术服务，主要股东包括自然人徐×、S投资合伙企业、Y合伙企业等，其中Y合伙企业是M公司设立的员工持股平台，持有M公司10%股权。张××于2014年10月6日入职M公司，于2018年4月18日因个人原因离职，曾任M公司技术经理、技术总监。

　　2016年9月22日，M公司、Y合伙企业、张××签订《股权授予协议》，约定张××通过受让Y合伙企业5000元份额间接持有M公司0.475%的股权，张××取得上述股权激励的条件为签署《股权授予协议》并与M公司签订服务期限不低于4年的劳动合同。同时约定，若张××辞去公司职务，M公司或Y合伙企业有权要求其将届时持有的份额权益转让给Y合伙企业普通合伙人，转让价格为零对价，或者在支付相应对价后继续持有权益份额。2017年4月13日，Y合伙企业委托公司员工赵×向张××汇款22220.5元，张××于同日向Y合伙企业汇款22220.5元。2018年3月18日，张××填写离职申请表，表示因个人原因离职，拟离职时间为2018年4月18日。

　　2018年7月10日，M公司向张××发出《通知》，要求其按照《股权授予协议》的约定将权益份额以零对价转让给Y合伙企业普通合伙人，或者支付价款180.4万元继续持有权益份额。2019年5月8日，M公司再次向张××发出《补充通知》，要求其于2019年5月10日前确认应支付价款或就权益转让事宜签署相关协议。在张××未予回应的情况下，Y合伙企业起诉要求其配合转让合伙权益份额或支付继续持有权益份额的对价。

【争议焦点】

　　1.《股权授予协议》约定零对价转让权益份额是否显失公平；2.本案是劳

[①] 参见北京市第一中级人民法院（2021）京01民终4121号民事判决书。

动争议还是合同纠纷。

【裁判观点】

一审法院认为：（1）关于转让价格。审理查明，张××于2017年4月13日向Y合伙企业支付的款项，系由Y合伙企业委托赵×向张××汇款，再以张××名义向Y合伙企业支付，并非张××实际出资，张××虽主张上述款项系其劳动报酬但未提供相关证据。一审法院认为，《股权授予协议》合法有效，对各方当事人均具有约束力。依据该协议，张××主动辞去公司职务，Y合伙企业有权要求其将拥有的平台权益以零对价转让给持股平台普通合伙人或支付相应对价继续持有权益份额。（2）关于争议性质和法律适用。张××虽然主张股权激励属于劳动报酬的一部分，公司无权收回，但《股权授予协议》明确约定M公司与张××的聘用关系仍按劳动合同有关约定执行，故劳动报酬应按照张××与M公司的劳动合同执行；股权激励是公司对员工激励机制的特定形式，劳动者是否参与享有选择权；M公司向张××授予股权系财产性激励，其目的是张××向公司履行忠诚义务，该约定系股权激励的核心内容，双方对等，因此，《股权授予协议》涉及的财产性收益不属于劳动法项下劳动报酬的范围。

【纠纷观察】

员工持股计划是科技企业实施股权激励的重要措施之一。数据显示，科技企业在成长期和成熟期实施员工持股计划的比例分别为15%和80%，其中绝大部分通过设立有限合伙作为持股平台，持股比例介于3%—18%之间，均值约为8%。从总体上看，员工持股计划在提高企业民主管理基础、增加员工收入、扩大企业资金来源、提高员工队伍稳定性等方面发挥了积极作用。但与此同时，员工持股计划在实施过程中也反映出一些突出问题。比如通过从员工薪酬中代扣部分款项、分期支付股权对价的做法在社保缴纳基数、所得税核算等方面引发纠纷，因合作协议约定不明确在入伙、退伙、份额转让等领域发生争议等。

实践中，争议比较大的一个问题是员工持股计划纠纷案件的司法程序问题。北京市第一中级人民法院在调研的基础上提出，当激励对象与激励主体之间存在劳动关系时，尽管股权激励标的物形式多样，但均属于激励对象为用人单位付出劳动从用人单位或其关联方获得的劳动报酬，因此基于股权激励标的物给付发生的争议属于劳动争议，相关案件应首先通过劳动争议仲裁解决；至于激励对象基于股权激励取得的二次收益，比如股息、出售股票取得的差价等属于孳息范畴，相关争议属于普通民事案件。① 从案件管理的角度看，将股权激励标的物的给付与权益处置加以区分并适用不同纠纷解决程序有其合理性，但从争议性质和案件类型等角度看，将劳动争议仲裁作为权利给付争议的前置程序似无必要。一是从法律关系看，虽然员工参与持股计划系基于企业员工的身份，但规范和调整持股行为的依据是有限合伙协议而非劳动合同，在员工加入持股计划或成为有限合伙人之后，基于劳动合同处理相关股权纠纷并不妥当。二是从交易对价看，员工支付合伙份额或股权对价包括自筹资金等多种方式，即便通过定期扣减薪酬的方式支付对价通常也采用"先付后缴"方式进行。此外，因参与员工持股计划发生亏损、长期不分红的情况在实践中普遍存在，因此并不能将股权激励简单理解为劳动报酬。三是《关于试点创新企业实施员工持股计划和期权激励的指引》规定，参与持股计划的员工与其他投资者权益平等，盈亏自负，风险自担；员工入股应按照约定及时足额缴纳出资款，以技术成果出资入股应提供所有权权属证明并依法评估作价，及时办理财产权转移手续；员工持股计划应建立健全流转、退出机制，因离职、退休、死亡等原因离开公司的应按照员工持股计划的章程或相关协议约定方式处置。从上述规定看，在权利属性、对价支付、权利处置、管理规范等方面，证监会将员工持股计划涉及的股权明确纳入股权管理范畴，并未与劳动合同相关联。因此，我们认为，将员工持股或股权激励纠纷作为公司与股东之间的普通合同纠纷，适用《公司法》《合伙企业法》《民法典》等相关规定处理更符合相关争议事项的法律特征。

【案例2】科技企业产品生产加工中的常见争议事项：湖南××重工科技有限公司（以下简称科技公司）与湖南××智能装备有限公司（以下简称装备公司）加工合同纠纷案 ②

【基本案情】

科技公司与装备公司于 2018 年 9 月 25 日、2020 年 7 月 17 日各签订 1 份

---

① 北京市第一中级人民法院课题组：《统一涉股权激励民事案件审理路径初探——以劳动争议为视角》，载《人民司法（应用）》2023 年第 4 期。

② 参见湖南省长沙市雨花区人民法院（2022）湘 0111 民初 11519 号民事判决书。

《委托加工合同》，约定由装备公司为科技公司加工产品部件，合同对产品名称、规格型号、数量、价格、交货时间等进行了约定。此外，合作过程中，科技公司还在加工合同约定的范围之外增加订单要求装备公司加工部分单口机零件。合同履行过程中，装备公司于2018年11月23日前向科技公司交付了第一份合同项下的全部产品，于2020年10月13日前向科技公司交付了第二份合同项下部分产品。

2021年9月10日，装备公司向科技公司发出《对账催收函》，要求其支付剩余加工费474348.7元。收到催收函后，科技公司向装备公司支付40000元，并于2021年9月17日回函表示装备公司交付的货物存在严重质量问题，剩余款项支付条件尚未成就。装备公司遂提起诉讼，要求科技公司支付剩余加工费434348.7元及违约金。

审理查明，合同履行过程中，科技公司未严格依照合同约定时间支付加工费，装备公司亦未完全按照合同约定的期限交付产品且部分产品存在质量问题。

【争议焦点】

（1）合同约定的付款条件是否成就；（2）科技公司是否应支付违约金；（3）装备公司提起诉讼的时间是否超过诉讼时效。

【裁判观点】

法院认为：科技公司虽然主张装备公司交付的产品存在质量问题，应扣除相应货款，但在装备公司已通过现场维修予以整改补救并得到科技公司认可的情况下，应视为装备公司已经完成产品交付义务及瑕疵履行补救责任。同时，双方在合同履行过程中均未严格按照合同约定如期履行各自的交货及付款义务，且双方因此终止了部分未履行的合同义务，对加工费的延期支付均存在过错，应各自承担相应责任，对装备公司要求科技公司支付逾期付款违约金的主张不予支持。此外，科技公司虽然主张第一份合同项下的货款诉讼时效已于2021年1月30日到期，但其于2021年9月17日向装备公司发送《商务回函》确认欠付费用及付款时间系同意履行义务的意思表示，产生诉讼时效中断的法律效果，诉讼时效期间应重新计算。

【纠纷观察】

对成长阶段的科技企业而言，产品领域的纠纷在全部案件中的占比超过20%。其中，承揽合同纠纷占比21%、加工合同纠纷占比11%、定作合同纠纷占比18%、买卖合同纠纷占比32%、服务合同纠纷占比7%、委托合同纠纷占比7%，其他案件占比3%。从案件结构看，涉及产品设计加工、订单调整、原材料采购、产品加工质量等方面的争议案件占比超过50%。从案件成因看，创业企业自身生产能力不足、谈判能力弱、订单不连续，以及高技术产品生产加工的复杂性等是造成企业与外部加工商发生争议的主要原因，也是科技企业在早期阶段必须高度关注的风险。从争议解决的角度看，以下问题对案件处理效果具有典型意义。

一是注意区分产品加工合同的不同类型。实践中，产品加工合同通常使用购销合同、代工协议、加工合同、采购合同、合作协议等不同名称，在发生纠纷的情况下，双方当事人从趋利避害的角度对合同性质的理解和解释往往存在显著差异，于此情形，案件审理首先要查明合同的具体类型。在合同名称与合同条款、履行凭证等不一致的情况下，通过对合同内容和合同实际履行证据判断合同性质是基本原则。案件审理过程中，要重点区分当事人权利义务在承揽合同和委托加工合同中的差别。承揽合同是《民法典》中的有名合同，包括加工、定作、修理、复制、检测、检验等多种方式，承揽人的主要义务是依约交付工作成果、定作人的主要义务是及时接受工作成果并支付报酬。委托加工并非严格意义上的法律概念，虽然加工承揽、定作承揽等均属于委托加工，但承揽合同与委托加工合同也存在明显区别，比如前者交付的是工作成果，后者交付的是产品。从科技企业的角度看，在承揽合同中，企业为完成产品开发和生产，可能既利用承揽人的加工能力，也借助其设计能力、技术能力等，相关争议既包括产品质量纠纷也有技术成果、产品工艺层面的纠纷。在委托加工合同中，企业主要是利用加工商的生产能力，争议主要集中在产品质量、交付时间及款项支付等环节。

二是重视合同履行中的混合过错问题。在高技术产品加工合同纠纷案件中，当事人双方过错是常见现象，比如本案中既有定作方迟延付款问题，也有加工商产品质量瑕疵问题等。造成这一现象的主要原因，除了科技类产品加工制造的复杂性外，合同条款不完善、合同履行过程不规范也是引发纠纷的重要因素，其中因产品方案调整引发的加工质量纠纷是比较典型的问题，在产品设计和加工方案完全由科技企业决定的情况下，当事人之间的权利义务比较清晰，但在加工商不同程度参与模具设计、技术改进、工艺完善等工作的情况下，如何认定双方的权利义务和责任范围需要仔细考察。从案件审理的角度看,一方面要结合合同性质及相关证据材料判断当事人的权利义务和责任范围;另一方面在合同条款或证据材料不完善的情况下,应综合考虑新产品及其生产加工特点、双方的投入和收益情况、既往合作和交易习惯等因素,依据公平原则平衡当事人之间的利益关系。

【案例3】市场渠道和销售模式的规范化管理问题:陈××与天合光能股份有限公司(以下简称天合公司)买卖合同纠纷案[①]

【基本案情】

2021年7月,陈××通过微信与时任天合公司山东大区销售经理的粘××商定购买光伏组件事宜。2021年7月6日至15日,陈××通过其妻的银行账户分十次向粘××的银行账户转款7683580元,粘××在收到上述款项后向陈××发送部分光伏组件。2021年7月18日,粘××向陈××出具欠条一份,内容为"今欠天合500W、510W光伏组件4970534元,欠款人天合山东区负责人粘××"。此后,粘××向陈××返还货款120534元,尚有货款485万元未返还。陈××遂提起诉讼要求粘××、天合公司返还剩余货款及利息。

审理查明,(1)粘××自2020年11月18日至2021年7月23日在天合公司任职。(2)粘××与陈××通过微信沟通相关业务事宜,未签订书面买卖合同。(3)天合公司实践中采用两种销售模式,一是款项直接进公司,带发票;二是通过第三方代理,不带发票;粘××表示与陈××的交易系不带发票模式,由其联系天合公司第三方代理商从天合公司取货后向陈××交付。(4)2020年5月14日,陈××与其妻共同设立中民投新能源公司,中民投新能源公司与天合公司于2021年3月签订《天合家用产品经销协议》,经销"天合富家"品牌原装光伏发电成套系统,双方于2021年3月10日、3月12日以公对公转账方式进行了交易。

【争议焦点】

粘××与陈××订立买卖合同系职务行为抑或个人行为。

【裁判观点】

一审法院认为,本案买卖合同商定时,粘××虽为天合公司山东大区经理,

[①] 参见山东省泰安市中级人民法院(2022)鲁09民终2447号民事判决书。

但从合同商定到货款转账、发货及欠条出具，均发生在陈××与粘××之间，双方系买卖合同相对方，结合中民投新能源公司与天合公司在签订经销协议后以公对公转账方式进行交易的事实，陈××对天合公司的交易习惯及交易过程应为熟知。在本案合同商定及履行过程中，陈××未能尽到严谨审慎义务，对其要求天合公司返还剩余货款的请求不予支持。

二审法院认为，陈××系与时任天合公司山东大区经理粘××商定购买光伏组件事宜，并按照其指示支付案涉款项，粘××系天合公司销售经理，进行销售业务系其业务范围，陈××有理由相信粘××系履行职务行为，粘××是否将款项交付天合公司系天合公司内部管理问题，与陈××无关，亦非陈××的审查义务；陈××在交付案涉货款后收到天合公司生产的部分货物，其有理由相信系天合公司在收取货款后的交付行为；粘××认可天合公司实践中采用两种交易模式，且本院相关案件对此已作出相关认定。因此，陈××有理由相信本案中粘××的行为系代表天合公司履行职务，天合公司应承担相应法律后果，至于天合主张的粘××无权代收货款、超越职务权限问题，系其内部管理问题，不能对抗外部相对人，其与粘××之间的权利义务可另行主张。

【纠纷观察】

本案集中反映了科技企业在产品推广销售环节存在的突出问题。统计显示，在科技企业全部法律纠纷案件中，市场推广和营销类案件占比约为23%。其中，与货款支付相关的案件占比34%，售后服务合同纠纷案件占比29%，与市场推广和渠道合作相关的委托合同、代理合同、合作合同纠纷案件占比19%，广告合同、展览合同等纠纷案件占比12%，其他相关案件占比6%。相关争议涉及市场和产品营销的各个环节，其中网络和智能产品销售领域、新型市场渠道合作过程中发生的争议比较集中。

在市场渠道管理方面，常见问题包括渠道选择不规范、销售模式不统一、价格管理混乱、缺乏明确授权，以及对经销商和销售人员缺乏有效管理考核等。以渠道选择为例，多种市场渠道是创业企业在早期阶段普遍采用的市场策略，主要原因在于企业缺乏相应的市场经验和议价能力，与大型渠道商的合作往往面临很高的市场门槛，为尽快打开市场不得不尝试各种渠道和模式。比如本案中天合公司即同时采用对公与对私、开票与不开票等不同交易模式，但多渠道策略造成管理问题和风险需要引起高度关注，其中因价格管理和客户争夺引发的不正当竞争纠纷、多层级渠道管理中的委托代理问题、不同市场渠道之间的政策协调以及由此引发的合同争议等是渠道管理环节常见的案件类型。经验表明,制定明确的管理标准、采用标准化合同文本、借助信息化技术手段加强对合同签署和关键执行环节的实时监管是有效避免渠道管理风险的重要手段。

在利用新型市场渠道方面,由于虚拟社区、私域流量、网络直播等新型渠道本身处于发展演化过程中,相关业务模式、市场交易秩序并不成熟。同时,新型市场渠道涉及的合作主体和合作关系比较复杂,要充分重视法律政策环境不完善、法律关系复杂化带来的风险,重点包括:一是系统梳理市场合作关系涉及的合同风险,比如电商渠道既涉及企业与推广平台、物流企业之间的合作,也涉及与第三方支付、货款结算机构的合作,每个环节都涉及不同的合同关系,要仔细甄别其中的潜在风险,特别是格式条款和违约责任条款。二是关注合作方的履约风险,避免因相对方合规风险对合作造成影响,比如网络直播中主播的偷逃税问题、违反《广告法》和《反不正当竞争法》的虚假宣传、流量造假问题,数字营销中的特许经营许可证照、数据安全和个人信息保护问题。三是及时关注法律法规和行业政策变化对市场推广和营销活动的影响。国家互联网信息办公室等七部委《网络直播营销管理办法(试行)》出台后,企业在关注安全评估、信息管理、内容管理、身份认证和核验要求的同时,要重点关注"直播间运营者"的认定标准及其责任范围。此外,最高人民法院《关于审理网络消费纠纷案件适用法律若干问题的规定(一)》进一步对电子商务经营者提供格式条款、虚构交易等行为的法律效力,以及自营直播间的平台内经营者及其工作人员的责任划分进行了明确,企业需要根据相关规范重新检视现有市场合作行为及其风险。

【案例4】投资人定向减资的公司决策程序问题:屈××与上海××投资管理有限公司(以下简称××公司)公司决议效力确认纠纷案[①]

【基本案情】

××公司成立于2015年9月9日,主营业务包括投资管理、资产管理、实业投资等,现有股东包括王×(持股比例42%)、本多公司(持股比例20%)、

[①] 参见上海市青浦区人民法院(2022)沪0118民初890号民事判决书。

丹姿公司（持股比例10%）、杨××（持股比例28%）。屈××系××公司董事。

2019年8月13日，××公司召开临时股东会，全体股东出席会议并形成《临时股东会决议》，主要内容包括：（1）审议关于××公司将其持有的深圳市植物医生贸易有限公司1%的股权以1000万元的价格转让给本多公司的议案；（2）审议关于××公司支付1300万元现金受让本多公司所持××公司20%股份、支付650万元现金受让丹姿公司所持××公司10%股份的议案；（3）审议关于将受让本多公司和丹姿公司所持××公司30%股权按照6∶4的比例分配给股东王×、杨××的议案。上述三份议案表决过程中，股东杨××均持反对意见，最终表决结果均为持同意意见股东持股比例72%、反对意见股东持股比例28%。

屈×认为，（1）××公司决议定向回购本多公司、丹姿公司股权构成定向减资，系以多数决方式改变公司现有股权架构，股东杨××未同意上述决议，该决议违反公司资本维持原则及股权结构应由全体股东合意的基本原则，同时，实施定向减资将掏空××公司，严重损害公司及其他股东利益。（2）××公司决议将受让的本多公司、丹姿公司30%股权强行转让给王×、杨××属于强买强卖，并未经过杨××同意。上述决议事项属于公司法规定的"导致决议不成立的其他情形"。因此，诉请确认上述决议事项不成立。

××公司辩称，（1）屈×系公司董事，不是股东，与上述股东会决议内容没有利害关系，诉讼主体资格不适格；（2）公司股东杨××在股东会决议作出后仅要求公司回购股份，并未对决议提出异议；（3）本多公司、丹姿公司通过减资退出后，××公司股权结构是恢复到该两家公司增资之前的状态，不涉及重新分配问题。

【争议焦点】

1.××公司股东会定向减资决议是否成立；2.屈×是否具备诉讼资格。

【裁判观点】

法院认为，根据《公司法》第43条，股东会会议作出修改公司章程、增加或减少注册资本的决议，以及公司合并、分立、解散或者变更公司形式的决议，必须经代表全体股权三分之二以上表决权的股东通过。××公司章程第11条也作出同样约定。此处"减少注册资本"应仅指公司注册资本的减少，并不涵盖减资后股权在各股东之间的重新分配。股权是股东享有公司权益、承担义务的基础，如只需经2/3以上表决权股东通过即可做出不同比减资决议，事实上将以多数决形式改变公司原来一致决形成的股权结构，故对于不同比减资，除全体股东或公司章程另有约定外，应当由全体股东一致同意。本案中，不同比减资导致王×、杨××的股权比例分别从42%上升到60%，从28%上升到40%，该等变化并未经过杨××同意，应视为各股东对股权比例的架构未达成一致意见，相关决议事项符合《最高人民法院关于适用〈中华人民共和国公司法〉若干问题的规定（四）》第5条第5项规定的"导致决议不成立的其他情形"。此外，依照《最高人民法院关于适用〈中华人民共和国公司法〉若干问题的规定（四）》第1条的规定，屈×作为××公司登记的董事，负有对公司忠诚、勤勉、尽责义务，有权以原告身份提起本案诉讼。

【纠纷观察】

《全国法院民商事审判工作会议纪要》（以下简称《九民纪要》）出台后，投资人通过目标公司定向减资退出再次成为理论界和实务界的热点问题，相关争论主要集中在三个方面。一是回购能不能通过定向减资实施。按照我国《公司法》第74条的规定，投资人要求企业回购股权在法律上并没有空间。虽然《全国法院民商事审判工作会议纪要》（以下简称《九民纪要》）从司法的角度为目标公司回购投资人股权留出了余地，但实践中仍然存在很大不确定性。首先是股权回购要以减资方式进行，依照现行《公司法》的规定，减资不仅要求公司形成有效的股东会决议，还要进行减资公告、对异议债权人提供担保或提前履行合同义务等，这些条件在实践中是否能够实现存在很大不确定性；其次，从决策程序看，减资决议适用《公司法》第43条的规定，即决议须经代表全体股东三分之二以上表决权的股东通过，但多数法院将全体股东是否一致同意作为判断减资决议效力的标准，从操作层面看事实上很难实现，比如本案中法院即以非经股东一致同意不得改变公司原有股权结构为由对减资决议的效力作出否定性评价。

二是资本公积金能不能作为定向减资的资金来源。投资人主张将资本公积金作为股权回购资金来源的主要理由是在其投资款只有很少部分计入公司注册资本、大部分计入资本公积，在触发回购条件时定向减资应包括未计入注册资本的部分。但从《公司法》第168条看，资本公积金只能用于扩大生产经营或转增资本，不能用以其他用途。此外，依照《公司法》第177条、第37条的规定，减资系指减少注册资本并不包括减少资本公积。因此，现行法律框架下通过动用资本公积金实现减资回购并无依据。从操作层面看，唯一可行的办法是首先将计入资本公积的投资款转增公司注册资本，但相关利益冲突和决策程序问题同样无法回避，比如转增资本是否造成原有股权结构变化，以定向减资为目的转增注册资本决议是否应当经股东一致同意等。

三是目标公司为投资人退出或实际控制人股权回购提供担保是否有效。"海富案"之后，投资人为避免与目标公司之间的业绩对赌协议被认定无效的风险，转而采用与实际控制人或大股东对赌并由目标公司提供担保的交易结构。从相关案例看，法院对相关对赌担保合同的效力持有条件的肯定态度。[1] 其中，无效的情形主要指未经公司内部决策的行为，在按照《公司法》和公司章程履行相关内部决策程序的情况下则区分个案具体情况判断担保行为的效力，包括合同订立及其履行是否会对其他股东和债权人利益造成重大损失、公司的资产状况和履约能力、投资款的实际用途及其与目标公司的关联性等。我们认为，虽然不同案件的说理角度有所差别，但基本是围绕对《公司法》有关股东担保的规定进行阐述或解释，按照现行法律规定来确定裁判思路。从企业的角度看，在以有效为原则、无效为例外的司法政策背景下，一方面要考虑相关担保行为决策的正当性，但更重要的是结合企业的实际情况，特别是持续股权融资需求判断对相关融资条件的接受程度。

【案例5】平台企业算法自动决策的司法审查标准问题：许××与杭州××软件服务有限公司（以下简称软件公司）网络服务合同纠纷案[2]

【基本案情】

2013年10月26日，许××在软件公司运营的"阿里妈妈"网站申请注册客户账户，并按照平台要求对产品进行市场推广。2019年12月26日，软件公司认定许××账户流量异常并冻结该账户内佣金177431.96元。此后，许××按照软件公司规定程序提交申诉，但软件公司未作出合理解释，亦未出具任何违约证据或判断流量异常的证据。许××认为，软件公司《淘宝客推广软件产品使用许可协议》第6条第2款关于"不予结算相应渠道项下的全部

---

[1] 参见最高人民法院（2016）最高法民再128号民事判决书。
[2] 参见杭州互联网法院（2020）浙0192民初3081号民事判决书。

收入，不区分是否违规流量对应的收入"的约定有违公平原则，且排斥当事人的主要权利，应属无效。

软件公司辩称：（1）作为平台管理者，其有权对许××的推广数据进行抓取、排查，对推广行为负有监管责任。（2）许××注册成为软件用户、签署相关服务协议，表明其认可平台规则及平台对认定违规的逻辑与标准。（3）许××的注册账户出现异常无效引流占比超过总流量90%等情况，但其对流量异常现象无法给出合理解释，其申诉理由不成立。（4）被冻结资金最终将全部返还商家，软件公司并不以通过处罚措施获利为目的，履行监管职责目的在于维系新兴业态的健康发展及所有平台参与者的公共利益。（5）互联网大数据环境下的事实认定和相关证据规则应考虑合同履行的数据化特征、合同数据分析的证明力，以及合理的举证责任分配等因素。

审理查明：（1）许××与软件公司签订《阿里妈妈服务协议》《淘宝客推广软件产品使用许可协议》系双方真实意思表示，《阿里妈妈推广者规范》及条文解读系服务合同之补充内容，与服务合同具有同等法律效力。（2）2020年11月10日，软件公司委托上海洁湛电子数据司法鉴定所对其采用的监测方法进行鉴定，该所于2020年11月16日出具《司法鉴定意见书》，鉴定结论为通过查询检材可以统计出用户点击推广链接但未实际到达淘宝页面的比例。

【争议焦点】

软件公司认定许××账户存在"流量异常"并采取冻结措施是否合法。

【裁判观点】

法院认为：（1）双方签署的服务合同相关条款不违反国家法律禁止性规定，亦不存在格式条款提供方明显免除己方责任、加重对方责任、排除对方主要权利的内容，应属合法有效。（2）软件公司通过系统过滤功能对交易数据进行筛查，依据技术手段对有效推广做出判定并据此结算佣金是平台企业经营管理的基本特征，许××在订立服务合同时已知晓，视为其认可平台依据数据分析认定违规的逻辑和标准。（3）《阿里妈妈服务协议》明确规定，推广者的推广渠道不得出现流量异常现象，违规推广将受到相应处罚，通过持续、脚本模拟或其他形式进行或产生非正常的浏览、点击、交易行为是典型的流量异常现象，一旦认定，将按阶段时间冻结收入，账户内某个时间段内已产生及账户内将来产生的全部产品收入不予结算。依照上述约定，软件公司具有认定"流量异常"行为并依约处罚的权利。(4)鉴定人陈述意见和专业技术证人的陈述意见具有相当合理性，而许××未提交任何有效证据或申请专家证人出庭支持己方辩解意见。因此，判决驳回许××的诉讼请求。

【纠纷观察】

平台企业算法应用纠纷涉及多个领域，包括用户对算法应用的知情权和同意权，算法自动决策引发的网络服务合同纠纷，算法滥用涉及的价格歧视、推荐歧视、合谋或控制行为，人工智能和算法生成的虚拟形象的著作权问题，以及算法应用过程中的信息数据保护和应用问题等。在《民法典》《电子商务法》《个人信息保护法》等以"合法、正当、必要、同意"为原则规范个人信息保护的基础上，《互联网信息服务算法推荐管理规定》进一步对算法知情权、算法选择权，以及算法提供者的服务原则和禁止性义务作了规定。从总体上看，随着大数据和人工智能技术的快速发展，我国调整规范算法应用的法律政策体系也处于逐步完善过程之中。但从争议解决角度看，相关法律政策的具体适用及其效果还有待裁判实践的验证和总结。本案是我国首例对网络平台算法自动决策的司法审查进行探讨的案例，其中涉及的用户对算法的知情权、平台企业私人执法权、算法自动决策证据及其效力的审查标准等对构建平台算法类案件的裁判规则具有典型意义。

关于用户对算法的知情权。本案原则上认可用户勾选协议文本表明其知悉算法存在并同意算法自动决策的使用，但同时认为平台并没有事先说明算法的具体逻辑构造，因此双方达成的合意不完全、不充分，平台需要在合同履行过程中对算法的逻辑和决策过程作出合理解释促使合意趋于完善。从保护用户知情权和缔约选择权的角度看，本案充分考虑了用户的弱势地位并作了一定程度的平衡，但从技术角度看，在算法自动决策机制的解释普遍面临技术障碍的情况下，如何平衡用户知情权与交易效率的关系仍然需要观察。

关于平台企业的私人执法权。在版权领域，以网络服务商代替公权力机构处理侵权纠纷被称为私人执法，随着算法技术的应用，私人执法正从人工操作转向全程算法化。[1] 事实上，在版权领域之外，互联网其他领域私人执法现象也广泛存在，比如电商服务平台冻结用户账户、扣押保证金、对用户处以罚款、冻结货款等。关于平台企业私人执法权的权利来源及其正当性有不同

---

[1] 焦和平：《算法私人执法对版权公共领域的侵蚀及其应对》，载《法商研究》2023年第1期。

观点，包括基于用户协议的权利让渡、政府公权力的授权或默许、技术先占中的自我赋权等。①在公权力执法资源配置不足的情况下，私人执法权有助于提高执法效率、规范网络秩序，但因其在压缩个人使用空间、阻碍竞争、架空用户知情权等方面的负面影响也受到激烈批评。本案中，法院从两个角度阐述平台企业冻结用户资金的正当性，一是从补充公共执法资源的角度肯定平台参与网络交易秩序治理的必要性，二是从意思自治的角度认可双方关于违约责任的约定，并将协议约定的处罚方式和处罚程度纳入考量范围。

关于算法自动决策证据的审查标准。本案确立的主要审查标准包括应对算法自动决策的逻辑演算过程进行审查，不能仅凭大数据专业分析报告作出判断；在重视专业机构鉴定报告的同时，应充分听取专家证人的陈述意见；充分重视用户的申诉证据。总体上看，上述标准反映出司法机关较为谨慎的裁判思路，通过对证据的全面、严格审查确保证据链的完整性和逻辑周延。但我们也观察到，法院在判断算法自动决策正当性的过程中综合考虑了分析报告、鉴定报告、专家证人证言等多份证据，从证据组织的角度看，如何平衡双方的举证责任，以及适度控制取证成本等问题值得关注。

【案例6】智能化产品业务合作中的不完全合同问题：××科技有限公司（以下简称科技公司）与××机电设备有限公司（以下简称设备公司）设备销售合同仲裁案②

【基本案情】

2020年6月19日，科技公司与设备公司签订3份《设备销售合同》，约定科技公司向设备公司提供项目机器人，产品包括设备硬件及配套使用的软件。2020年7月7日、11月26日，科技公司分两次向设备公司交付合同项下产品，但设备公司仅支付合同价款的60%，科技公司遂以设备公司违约逾期支付货款为由提起仲裁。设备公司则表示，产品未经最终用户验收合格，剩余货款的支付条件尚未成就。

---

① 马治国、占妮：《数字社会背景下超级平台私权力的法律规制》，载《北方工业大学学报》（社会科学版）2022年第6期。

② 北京仲裁委员会/北京国际仲裁中心，2022年裁决案例。

审理查明：（1）本案合同项下设备用于设备公司承建的第三方自动化园区运营项目。（2）本案合同约定的产品价格包含硬件设备和配套使用的软件系统的采购、税金等费用，产品交付后支付货款的 60%，剩余 40% 在最终用户验收合格后支付。（3）双方约定产品软件部分的技术服务合同另行签署，但实际并未签署。（4）本案合同约定，与设备配套相关的 IT 设备由设备公司自备并负责安装调试。（5）产品安装过程中，双方对案涉产品与项目现场配套设施的匹配问题、产品调试安装问题，以及客户现场提出的新需求等进行了多次沟通，科技公司针对相关问题提供了部分技术服务，但仍有部分问题未解决，项目尚未通过验收。

【争议焦点】

1.科技公司对设备安装调试和提供技术服务的义务范围；2.合同约定的付款条件是否成就。

【裁判观点】

本案中，案涉项目未进行最终验收的原因主要包括两个方面，一是科技公司提供的机器人、设备公司提供的 IT 设备与项目现场配套设施之间的软硬件适配问题，比如开机异常、自动门与车辆对接精度不够、车辆运行过程中的不正常扭动、车辆侧对接误差过大等；二是项目业主根据业务需要现场新增的项目需求，比如提高呼叫系统应答频率、增加车辆自动充电功能等。仲裁庭认为，一方面，本案合同系买卖合同，科技公司的主要义务是交付产品，科技公司的主要合同义务已经履行；另一方面，科技公司提供的机器人产品系应用于自动化项目的智能设备，安装调试和相应技术服务直接影响产品应用效果和合同目的，虽然双方未单独签署技术服务协议、设备公司亦未支付相应服务对价，但从设备的技术特征及具体应用场景看，科技公司负有提供相关技术服务的附随义务。同时，项目实施过程中业主提出的部分新增需求已超出现有合同范围，相关功能和技术需要重新设计开发，该部分内容不属于本案合同项下科技公司应承担的技术服务范围。此外，虽然本案合同约定支付剩余货款的条件是最终客户验收合格，但从项目实施情况看，造成项目未验收的原因有很多，既有系统调试问题，也有设施适配问题，既有现有技术优化问题，也有项目新增需求问题，且设备交付时间已逾两年，若仅以项目未经验收为由拒绝支付剩余货款有违公平。因此，仲裁庭综合考虑合同履行情况对科技公司的仲裁请求部分支持。

【纠纷观察】

　　智能化产品主要指利用数字和信息技术开发的产品，比如智能家电、工业机器人、仿真软件、技术服务平台等，从物理形态看，智能化产品既包括有形产品，也包括各种技术服务、技术解决方案等无形产品。与传统商品相比，智能化产品具有如下特点：一是产品具有较高的技术含量，产品推广应用的早期阶段普遍存在技术不稳定和性能不完善等问题；二是用户高度依赖开发企业的技术指导和持续技术服务，并通过信息反馈深度参与产品的改进和优化；三是无形产品经常与有形载体相结合进行推广应用，比如硬件设备与软件系统组合销售、通过参与项目建设部署工业软件或智能控制系统等。从上述特征看，智能化产品的推广应用既涉及频繁的技术交流，也涉及较为复杂的合同关系，企业与用户、中间商需要通过紧密协作解决合作中的各种问题和不确定因素。

　　本案中，从合同角度看，既涉及申请人与被申请人之间的设备买卖合同，也涉及被申请人与最终用户之间的项目建设合同；从技术角度看，既涉及机器人本身的技术服务问题，也涉及项目实施过程中的技术问题；从案件成因看，既涉及合同条款本身不完善问题，也涉及其他因素引发的责任划分问题。因此，在设备买卖合同无法反映业务合作整体情况的背景下，需要结合其他因素厘清当事人之间的权利义务和责任范围。一是通过综合考虑合同性质与合同目的审查当事人的义务范围。从申请人的角度看，其在设备买卖合同项下的主要义务是交付设备硬件和软件系统，但从合同目的和项目建设的角度看，设备安装调试亦属于申请人的主要义务；从被申请人的角度看，虽然合同对设备安装和技术服务费用未作约定，但在申请人提供相关服务的情况下应纳入交易对价范畴。二是按照《民法典》第509条至第514条确定的规则对合同漏洞进行填补。本案合同对设备及其安装的技术服务约定不明，对设备安装条件、项目实施条件、配套技术开发等也未作出约定。在当事人无法达成一致的情况下，需要综合考虑合同性质、合同条款、合同履行证据等查明当事人的真实意思表示。三是对于明显超出合同范围但又与实现合同目的紧密相关的事项，比如建设方提出的新的技术开发要求，无论是设备买卖合同还是项目实施合同，上述内容均不在当事人约定的范围，但从具体需求看，建设方提出的要求不仅关乎项目的正常运行，也直接影响项目验收结算。于此情形，在合同解释和漏洞填补无法查明当事人真实意思表示的情况下，有必要引入不完全合同理论，通过适用公平原则合理分配当事人之间的权利义务。

四、热点问题观察

（一）阶段性股权融资对成长阶段科技企业的影响

数据显示，在纳入统计范围的 200 家处于成长阶段的科技企业中，有过股权融资经历的企业接近 75%，其中股权融资超过 3 次的企业接近 40%。股权融资在帮助企业解决资金短缺问题的同时，对公司的治理结构也产生深刻影响。比如，经过三轮股权融资后，企业董事会成员均值由 3 人增至 5.96 人，实际控制人的持股比例均值由 85% 降至 47%。此外，因股权融资引发的纠纷在企业全部诉讼案件中的占比接近 10%。从案件类型看，基于股权融资引发的案件主要集中在投资协议履行、股东身份、公司决策与决议效力、股权转让、业绩对赌与股权回购等领域，涉及投资行为和公司治理的多个环节。

一是企业在与投资人磨合过程中发生的纠纷。突出表现为股东结构和治理结构发生变化后，企业主要创始人仍然沿用过去的习惯做法和管理方式，不重视与投资人之间的沟通、不重视股东会或董事会的作用并由此引发与投资人的冲突。从争议解决的角度看，科技企业要重点关注公司决策的程序规范问题。一方面，基于公司决策程序和决议效力引发的纠纷较为普遍，比如实际控制人越过股东会或董事会擅自决策、不按规定履行通知义务、在未通知小股东的情况下召开股东会、会议决策事项超出通知范围等，不仅构成明显的程序违法，也在实质上侵害了投资人参与公司治理的权利，相关决议通常面临被撤销或被认定为无效的风险。另一方面，对于会议通知时间不足、通知方式不当等存在轻微程序瑕疵的决议事项，虽然司法机关或仲裁机构通常会结合具体情况及其对股东参与权、决策权的影响等进行综合判断，并不轻易否定其效力，但这些做法同样会损害企业与投资人之间的信任关系。

二是投资人行使"一票否决权"引发的争议。投资人的"一票否决权"一般由投资协议约定并通过修改公司章程确认。"一票否决权"对解决投资人与公司实际控制人之间的信息不对称、降低委托代理成本具有积极意义，但由此引发的各种纠纷值得高度关注。实践中，因投资人行使"一票否决权"产生的争议重点集中在公司决策陷入僵局、在先权利对后续融资构成实质性障碍、与第三人信赖利益产生冲突、在股东之间造成权利失衡等领域。从合法性角度看，虽然尊重公司自治是裁判的基本原则，但并不意味着"一票否决权"

的设置及其行使没有边界,包括不得违反法律法规的强制性规定、相关权利安排不能在实质上使公司治理陷入僵局、股份公司必须严格按照公司法规定的议事方式和表决程序建立决策机制等。此外,科技企业在成长阶段需要通过广泛建立外部联系持续进行融资、技术合作、人才引进和业务拓展,如果来自内部的意见分歧或决策障碍太多,将极大限制企业的成长空间。因此,对投资人"一票否决权"的价值判断,既要考虑其合法性,也要关注其对创新效率和创新效果的实际影响。

三是在投资退出过程中出现的问题。投资退出阶段的争议通常与对赌、回购、减资、领售权或拖售权、优先清算权和优先受偿权等条款及其履行相关。在不违反法律法规强制性规定的情况下,上述特殊权利条款原则上并不存在合法性和效力问题。但从实际效果看,这些条款在保护投资人利益、帮助投资退出等方面发挥的作用并不理想。一方面,在企业良性发展的情况下,相关条款并无太多适用余地;另一方面,在企业发展不及预期的情况下,即便触发行权条件,受科技企业资产特点和清偿能力限制,投资和退出风险也很难避免。从尊重创新规律角度看,建议在相关案件处理过程中重点关注两个问题,一是充分重视多元解纷机制,特别是调解机制的作用。科技企业的成长发展受多方面因素的影响,有些情况下,即便未实现业绩承诺或对赌条件,企业可能也有继续存续的价值,通过调解缓和当事人之间的矛盾既有助于企业度过暂时困难,也有利于更好地保护投资人利益。二是适度平衡当事人的权利义务。司法实践中争论比较大的一个问题是针对业绩对赌补偿是否适用违约金调整规则。有的观点认为现金等业绩补偿本身是企业未达到投资协议约定的合同主要义务,并非违约金,因此并无违约金调整规则的适用余地;[①]也有观点认为补偿条款在外观上与违约责任条款具有一致性,将现金补偿理解为企业未完成业绩目标应负担的违约金责任并不存在合同解释障碍。[②]虽然将业绩补偿解释为目标公司或实际控制人的主要合同义务更容易实现逻辑自洽,但从鼓励创新的角度看,如果在合同之外将企业的发展潜力、违约原因,以及投资人的投资安全和收益水平等因素纳入考量范围并据此对补偿方式和补偿水平进行必要调整可能更有利于提高案件的实际效果。

---

① 参见最高人民法院(2022)最高法民申418号民事裁定书。
② 参见上海市浦东新区人民法院(2018)沪0115民初45869号民事判决书。

（二）S 基金交易市场的发展及其风险分布

在高技术企业股权投资领域，S 基金通过买入其他基金 LP 或 GP 持有的份额或项目组合为投资人退出提供了新的选择。自 2018 年《关于规范金融机构资产管理业务的指导意见》实施以来，受各种因素影响，国内私募股权市场在资金募集、项目投资和项目退出等领域的活跃度受到一定程度的影响，但 S 基金保持了较快的发展势头。截至 2022 年底，S 基金的交易规模已超过 1000 亿元，覆盖医疗健康、企业服务、信息技术、智能制造、人工智能等多个领域，以银行理财子公司为代表的金融机构、政府引导基金、市场化母基金、专业投资人等正加速入局。

为推动 S 基金发展，相关地方政府在交易基础设施、市场主体、配套支持政策等方面进行了积极探索。比如，北京股权交易中心、上海股权托管交易中心已初步成型，北京科创接力私募基金管理有限公司、上海引领接力行健私募基金合伙企业已正式落地，前海自贸区、杭州、南京、合肥等先后出台了支持 S 基金交易的相关政策和优惠措施。但与此同时，我国 S 基金的发展在交易制度、市场体系等方面也面临很多瓶颈和挑战，包括底层资产质量参差不齐、信息披露规则难以统一、资产定价和评估方法分歧巨大等，成为制约交易效率和交易规范性的重要因素。从风险管理角度看，以下领域是 S 基金交易容易发生争议的重点：

一是基于退伙和入伙行为引发的争议。国内市场上，超过 70% 的交易采用份额转让方式进行，即基金 LP 将份额转让并退出合伙企业，S 基金作为新的 LP 参与合伙企业。这种交易模式下，投资人要重点关注合伙协议及基金投资决策机制对交易的影响。比如，合伙协议约定的退出条件对交易是否构成实质性障碍、原 LP 享有的权利或承担的义务是否因交易行为发生变化等。

二是交易涉及的尽职调查和交易条件问题。在尽职调查环节，S 基金面临的主要问题是难以获得充分的信息来源。一方面，LP 本身可能并不参与投资决策和投后管理，不掌握投资项目具体情况；另一方面，在 GP 不参与交易的情况下，其并无义务为 S 基金的尽调提供便利，即便 GP 和其他 LP 愿意配合，如果已投项目数量众多，也面临巨大的时间成本和财务成本。为规避信息不对称风险，S 基金通常在交易文件中约定相关陈述和保证条款并作为交易条件，这在一定程度上可以起到约束和救济作用，但实践中也存在不确定性。比如，同样因底层资产未达到交易文件约定的承诺条件，宁波梅山保税港区稳嘉股权投资合伙企业、刘××分别起诉要求转让方承担披露义务和瑕疵担保责任，在案情基本一致的情况下，江苏省高级人民法院和北京市第二中级人民法院作出的裁判结果迥然不同。[1]

三是资产评估和交易定价问题。S基金份额交易的底层资产主要是处于成长阶段的科技企业股权。从资产结构看，其主要特点是以专利和技术成果等无形资产为主、固定资产占比较低，这种资产结构虽然具有良好的成长性，但在资产评估方面面临很多障碍。比如，由于缺乏利润或销售数据无法采用P/E、P/B法进行估值，无形资产评估本身存在较大不确定性等。此外，企业的技术研发能力、技术团队的稳定性，以及产业发展阶段、产业政策环境等外部因素对准确判断企业价值也构成实质性影响。事实上，资产定价及定价方法选择也是交易过程中容易发生分歧和争议的环节。

四是国有份额的交易方式问题。实践中，对国有属性基金份额交易方式的认识并不统一，各地做法也存在很大差别。比如，北京市支持各类国有基金份额通过北京股权交易中心进行交易但尊重当事人的其他选择，上海市《国有私募股权和创业投资基金份额转让监督管理办法（试行）》则明确规定交易必须通过上海股权托管交易中心进行。造成这种状况的主要原因，首先是对国有基金份额的界定并不清晰，国资委32号文并未涉及相关问题；其次是证监会虽然授权北京、上海等开展交易试点，但对具体交易范围、交易规则等并没有进一步规定。因此，如何尽快从制度层面解决交易安全和交易效率等问题值得关注。

（三）科技伦理治理中的法律热点问题

在科技创新深刻影响社会经济生活的背景下，科技伦理及其治理成为必须面对的问题。从法律角度看，理论界和实务界的讨论主要集中在法律在科技伦理治理机制中的作用、重点科技领域的伦理问题，以及科技伦理典型事件和重点案例的研究等领域。

关于科技伦理治理的法治化。主要涉及两个问题：一是充分重视法律在科技伦理治理中制度性价值。科技伦理治理的核心是通过道德约束、法律规范、

---

[1] 参见江苏省高级人民法院（2019）苏民申7553号民事裁定书，北京市第二中级人民法院（2019）京民终114号民事判决书。

政策调整等多元化治理机制解决科技创新中的伦理和社会问题，由于道德规范本身的"软约束"特征，因此更好地发挥法律的规范性作用和制度价值已经成为共识。2022年3月，中办、国办印发的《关于加强科技伦理治理的意见》按照"伦理先行、依法依规"的治理思路，从顶层设计层面对我国科技伦理治理的基本模式、监管框架、制度体系进行了系统部署。二是我国科技伦理治理法治化进程在不断加快，但具体路径仍然有待观察。比如《民法典》第1009条确立了科技伦理条款，《刑法修正案（十一）》新增了克隆人类胚胎、违反基因编辑伦理规范行为的入刑标准和责任条款，《生物安全法》对生物技术研究开发与应用活动的伦理要求作出了明确规定，《科学技术进步法》进一步细化了科技伦理治理的相关要求等。但从总体上看，科技伦理立法仍然存在系统性不强，法律规范与伦理规范、政策规范之间的协同效应不明显，重要制度的配套保障措施不完善等问题。[①]

关于重点领域的科技伦理法律治理问题。目前主要集中在生命医学科学、数字化转型、人工智能等领域，其中生命医学科学领域的"基因编辑婴儿"事件、"人猴嵌合体胚胎"事件，人工智能领域的算法偏见和歧视问题、学术伦理问题，以及数字技术领域的信息安全和隐私保护问题、虚假数字和数字鸿沟问题都引起了广泛讨论。此外，其他技术领域的科技伦理问题也受到不同程度的关注，比如纳米材料毒性及纳米武器、纳米技术生命问题，生物质新能源开发对粮食安全、生物多样性的影响等。虽然法律在科技伦理治理中的作用得到普遍认可，但从各国的立法和治理实践看，在治理理念和治理思路、法律调整的范围和规范方式等问题上仍然存在巨大争议。[②] 其中，核心问题是如何平衡鼓励创新和防范科技伦理风险之间的关系，相关讨论主要涉及两方面的问题：一是针对科技快速发展和立法滞后性之间的矛盾，建议加强实践和立法研究，及时将具有重大社会影响的科技伦理问题纳入法律规范范围，但法律规制应保持慎重和谦抑，避免科技伦理问题及其法律调整范围扩大化；二是按照创新的不同阶段区分伦理问题的影响和规范方式，对验证技术方案和技术研发阶段存在的问题不宜采用较强的规制措施，防止束缚技术创新的

[①] 黎四奇：《数据科技伦理法律化问题探究》，载《中国法学》2022年第4期；石佳友、刘忠炫：《科技伦理治理的法治化路径——以基因编辑技术的规制为例》，载《学海》2022年第5期。

[②] 刘益东：《对两种科技伦理的对比分析与研判》，载《国家治理周刊》2022年总第367期。

手脚。但在技术应用阶段，特别是技术滥用引发的问题则要通过法律规制强化治理。①

关于科技伦理案件的裁判实践。从案件类型看，涉及科技伦理的案件既包括基于合同、侵权纠纷等发生的民商事案件，也包括因实施违法行为提起的行政诉讼和刑事案件，其中算法应用、人脸识别、辅助生殖和基因治疗、著作权和人格权保护等领域的争议较多，案件也较为典型。从案件审理思路看，面对科技伦理等新型案件，裁判机构在结合具体案情说理的同时，也试图对相关技术领域的伦理原则和司法审查标准进行梳理总结。比如，在腾讯公司等与北笙公司不正当竞争纠纷案中，法院从多个维度对网络游戏领域的商业伦理进行考察，包括"代练"行为对竞技公平的影响、游戏开发企业承担的社会责任、数据清洁性和安全性问题等；②在吴某澜与上海聚仁生物科技有限公司买卖合同纠纷案中，二审法院从干细胞的生物属性和法律属性、生物治疗技术的管理属性和市场属性、技术发展与社会公共利益的关系等多个角度对干细胞买卖和回输业务涉及的法律和伦理问题进行了系统阐述。③从案件处理结果看，裁判机构对科技伦理问题的判断客观上存在逐步深入的过程，相关法律规范的适用在个案中也存在较大差异。比如，在顾某与兰州城关物业服务集团有限公司个人信息保护纠纷案中，一审法院与二审法院均认定人脸信息作为生物识别信息属于法律保护的个人信息范畴，但对人脸识别技术应用应遵守的相关法律及其适用则大相径庭，案件处理结果也截然不同；④在北京菲林律师事务所与北京百度网讯科技有限公司知识产权及竞争纠纷案中，法院认定计算机软件智能生成内容不构成作品，⑤而在腾讯计算机系统有限公司与上海盈讯科技有限公司侵害著作权及不正当竞争纠纷案中，法院认定人工智能生成的内容构成技术开发团队所属企业的法人作品。⑥

---

① 罗喜英、唐玉洁：《平台企业数字伦理困境与重塑》，载《财会月刊》2022年第3期；赵鹏：《科技治理伦理化的法律内涵》，载《中外法学》2022年第5期。
② 参见上海市浦东新区人民法院（2022）沪0115民初12390号民事判决书。
③ 参见上海市第一中级人民法院（2020）沪01民终4321号民事判决书。
④ 参见天津市第一中级人民法院（2022）津01民终349号民事判决书。
⑤ 参见北京互联网法院（2018）京0491民初239号民事判决书。
⑥ 参见广东省深圳市南山区人民法院（2019）粤0305民初14010号民事判决书。

（四）ESG 投资对企业创新方向和风险管理的影响

与传统投资模式和投资理念相比，ESG 投资在财务分析的基础上将环境、社会和治理三个维度纳入投资策略，更加注重投资的中长期回报和投资项目的成长性。自 1990 年第一个责任投资指数多米尼 400 社会指数发布以来，ESG 投资在全球范围内得到快速发展。以美国为例，1995 年到 2016 年，将 ESG 因素纳入投资决策的基金数量从 55 家增加到 1002 家，基金净资产规模从 120 亿美元增加到 25970 亿美元。[①] 随着 ESG 投资理念的不断普及，我国投资市场对 ESG 投资的重视程度也在逐步提高，根据《2022 年上半年中国 ESG 投资情况及趋势分析报告》，截至 2022 年 6 月底，我国已有 11 只 ESG 主题私募基金、24 只 ESG 主题公募基金、8 个集合资管产品、2 个基金公司及子公司集合资管产品，ESG 主题基金总规模超过 2700 亿元。

自 2000 年起，我国先后出台了一系列贯彻 ESG 发展理念、推动 ESG 管理标准落地的政策措施和规范性文件，重点包括《环境保护法》《股份制商业银行独立董事和外部监事制度指引》《关于加强上市公司环境保护监督管理工作的指导意见》《企业内部控制应用指引第 4 号——社会责任》《商业银行公司治理指引》《上市公司治理准则》《关于加快建立健全绿色低碳循环发展经济体系的指导意见》《提高央企控股上市公司质量工作方案》等。虽然目前我国与 ESG 相关的法律政策体系还在不断完善过程中，但从加快实施创新发展战略和推动产业升级的角度看，ESG 评价和 ESG 投资对企业发展理念和创新方向的影响日益深刻，对企业治理能力和风险管理能力也提出了更高的要求。上述背景下，科技企业需要重点关注 ESG 投资在以下方面的影响：

一是创新方向是否符合 ESG 理念和价值判断标准。科技企业在成长阶段解决资金短缺问题的主要方式是股权融资，在 ESG 标准逐步成为投资决策重要因素的背景下，如果技术方向或业务方向不符合 ESG 投资标准将难以获得投资机构的认可。比如，黑石集团对可再生能源项目持续投资，而石油勘探等传统能源项目在其投资组合中的市值已降至 3%。[②] 从争议解决的角度看，ESG 也是影响价值判断和裁判结果的关键因素，比如在 A 公司诉 B 公司委托合同纠纷案中，双方为开展比特币"挖矿"活动签订了《服务器设备采购协议》

[①] 王大地、黄洁主编：《ESG 理论与实践》，经济管理出版社 2021 年版，第 34 页。

[②] 王大地、黄洁主编：《ESG 理论与实践》，经济管理出版社 2021 年版，第 150 页。

《项目合作合同》《云计算专用运算设备服务协议》等文件，法院以相关委托事项与《民法典》第9条规定的绿色原则相悖为由对其效力做出否定性评价。[1]

二是高度重视信息披露和信息管理的规范性。对于已经进入资本市场的企业而言，按照《上市公司治理准则》《上市公司信息披露管理办法》积极披露ESG相关信息既是法定义务，也有助于树立良好的市场形象、获得更好的市场表现。根据中证指数的跟踪研究，ESG评分对组合风险收益具有明显改善作用，沪深300中ESG高评分组年化收益率为8.2%，优于低评分组的3.2%，ESG高评分组年化波动率为20.6%，低于低评分组的20.8%。[2] 相反，因财务造假、不当关联交易、治理失效、怠于履行环境或安全管理责任受到处罚甚至引发重大风险事件的案例则不胜枚举。对于成长阶段的科技企业而言，虽然在监管层面没有强制性信息披露义务，但确保信息安全和信息的客观真实至关重要。一方面，信息技术、网络安全、技术平台等领域的高技术企业在技术研发和产品开发过程中涉及大量外部数据，确保数据来源的合法性、用户数据安全是影响创新效果和权利正当性的关键因素；另一方面，在对外融资、市场推广过程中，不恰当的信息披露可能对企业产生严重影响。比如，不实宣传企业环境友好形象的"漂绿"行为、有违诚信和商业道德的不正当竞争行为、滥用用户数据或泄露用户个人隐私行为等。

三是重点关注ESG领域的潜在风险及其管理规律。在ESG三个维度中，环境、社会和治理相互作用、相互关联，但公司治理因素的优先级更高，环境和社会风险通常与公司治理失灵直接相关。因此，重点关注公司治理风险和治理能力建设是防范ESG风险的关键。此外，行业间ESG不同因素的权重存在显著差异，比如，环境因素对能源和采购行业的影响最大，社会因素在商品流通领域被赋予更高的权重，金融和信息技术领域因公司治理问题引发的风险最多。

---

[1] 参见北京市东城区人民法院（2021）京0101民初6309号民事判决书。
[2]《从中证ESG评价体系看ESG对上市公司业绩、风险和估值的影响》，载中证指数网站，https://csi-web-dev.oss-cn-shanghai-finance-1-pub.aliyuncs.com/static/html/csindex/public/uploads/researches/files/zh_CN/research_c_2494.pdf，最后访问日期：2023年12月25日。

五、结语与展望

2022 年，在新冠疫情及其他内外部不利因素影响下，我国经济承受了巨大的下行压力，但科技创新仍然取得了显著成就：部分重大科技项目和核心技术取得突破，科技投入和技术产出保持较快增长，高新技术企业、专精特新企业培育工作取得积极进展，支撑科技创新的法律和政策体系进一步完善，司法和仲裁服务科技创新的意识和能力进一步加强，创新活力进一步激发，创新环境更加友好。2023 年，我国科技创新在把握好新的发展机遇的同时，也要充分重视面临的各种挑战，包括在募资市场呈现走低趋势的情况下，如何保持股权投资的活跃度，为科技创新提供足够的资金和资源支持；在国际政治经济环境急剧变动的背景下，如何开展有效的国际技术交流和技术合作；在高技术创业门槛不断提高的背景下，如何提高政策的针对性和精准性，进一步降低创新成本等。

从法律支持、保障和服务科技创新的角度，我们认为以下问题值得持续关注：一是处理好加快科技立法与检讨现行法律规则的关系问题。将科技创新涉及的新领域、新业态、新问题及时纳入法律调整范围是法律保持与经济社会适应性的具体体现，也是科技创新的重要制度保障。在加快科技立法的同时，要高度关注现行法律和政策体系中的制约因素，及时解决相关法律规定和政策措施与科技创新实践脱节或不适应的问题，比如市场保护与市场准入问题、产业政策与公平竞争问题、资源配置方式与资源使用效率问题、科技要素的法律属性与法律规范问题等。二是客观认识科技创新对现有制度和管理规范的破坏性及其影响。科技创新领域法律的滞后性突出表现为创新涉及的法律问题与现行法律规范不一致或存在法律空白。从实践角度看，明确科技创新的法律和政策边界并不容易，特别是在技术开发和产业演化的早期阶段，完全按照现有规则处理问题可能阻碍创新，但放任不管则可能引发一系列社会问题。通常认为，对创新保持适度宽容、灵活执法和有条件的"责任豁免"、按照审慎原则选择法律政策是解决上述问题的基本思路。[①] 从尊重创新规律、激发创新活力的角度，既要强调创新主体和创新活动的"法无禁止即可为"，更要坚持按照"法无授权不可为"的标准明确行政执法的范围和尺度。三是

---

① 赵鹏：《法律及监管能力决定资本动员效能》，载《国际经济评论》2022 年第 4 期。

深入研究创新领域的案件规律和裁判规则。在知识产权争议解决领域，通过建立技术调查官制度，采取专家辅助、专家陪审、技术咨询、技术鉴定等审理措施，案件审理的专业化水平得到了显著提高。但在技术层面的纠纷之外，科技企业案件的特殊性还广泛涉及公司治理问题、投融资问题、产业发展和产业政策问题、产品形态和市场推广问题、竞争秩序和科技伦理问题等。从争议解决的角度看，针对同类案件和典型问题及时总结梳理裁判规则不仅有利于提高案件处理效果，也有助于更好地理解科技企业的成长规律。

仲裁先例是驳论吗？关于"仲裁先例"争论的比较研究和法理思考

——兼论其对中国仲裁的启示

林雅婷[*]

- **摘 要**

近年来，"仲裁先例"在国际仲裁理论是一个被热议的话题，但在国内鲜少涉及。传统观点认为先例与仲裁具有制度的不兼容性，但近年来，随着"先例"的定义被赋予了新的解释，很多学者也开始认为"仲裁先例"有一定的现实影响和制度价值。本文立足于"先例"制度的起源及其在普通法系、大陆法系的模式嬗变，点明先例背后蕴含的制度价值，提出先例并非一定具有"强制约束力"，也可以从"说服性先例""参考性先例"的维度去理解先例制度的效用。笔者比较分析了国外学者在各个仲裁领域，即国际商事仲裁、国际投资仲裁和专业仲裁（域名仲裁和运动仲裁）所做的"仲裁先例"的理论和实证研究，归纳各仲裁领域裁决"先例效用"的大小及其背后的制度导向，总结"仲裁先例"在何种条件下才能成立，"仲裁先例"如何促进仲裁生态的优化。同时，文章分析了国内和国际学者关于中国是否存在"先例制度"的见解，并首次引入

---

[*] 林雅婷，深圳大学法学学士，莱顿大学法学硕士，香港大学国际争议解决与国际仲裁方向法学博士。

关于"中国仲裁先例"这个话题的讨论,为中国仲裁制度的发展提供制度建议。文章最后建议,我国可以参考"仲裁先例"的实际效用价值,构建中国特色的"仲裁类案参考"、"仲裁指导性案例"机制,学习国际仲裁裁决的公开、编撰、参考模式,以推动仲裁机制的完善。

- **关键词**

仲裁先例　说服性先例　实证研究　仲裁指导性案例制度

Abstract: In Recent years, "arbitral precedent" is hotly debated topic in international arbitration theory but is rarely discussed in China. The traditional view is that "precedent" is incompatible with arbitration regime, but in recent years, as the broaden definition of "precedent" has been given, many scholars have come to believe that "arbitral precedent" has a place at practical and institutional level. Based on the origins of the "precedent" system, and its transmutation in common law and civil law systems, this article highlights the institutional value behind precedent, suggesting that precedents are not necessarily "compulsory and binding", but can also be understood from the dimensions of "persuasive" and "reference" value. The author compares and analyses theoretical and empirical studies on "arbitral precedents" that conducted by foreign scholars in various arbitration fields, namely international commercial arbitration, international investment arbitration and professional arbitration (mainly domain name arbitration and sports arbitration) and summarizes the "precedential value" of awards in each arbitration field. The article reviews the effect of the "precedent effect" of awards in each area of arbitration and their underlying institutional orientation, conditions under which "arbitral precedent" can be established, and how "arbitral precedent" can contribute to the optimize of the arbitration ecosystem. The article also analyses the views "precedent system" in China from domestic and international scholars, and firstly introduces the discussion on the topic of "precedent in Chinese arbitration" to provide institutional suggestions for the development of Chinese arbitration system. The article concludes by suggesting that China could refer to the practical value of "arbitral precedent" and build a mechanism of "arbitral guiding cases" with Chinese characteristics. China should also learn from the international practice of publicizing and compiling arbitral awards. The article concludes by suggesting that China can build a mechanism of "arbitration case reference" and "arbitration guiding cases" with Chinese characteristics, and learn from the international model of disclosure, compilation and reference of arbitration awards, in order to promote the improvement of the arbitration mechanism.

Key Words：arbitral precedent, persuasive precedent, empirical research, arbitration guiding cases

一、引言

"仲裁"与"先例"（precedent）二词，从传统观点来看，天然地具有语义矛盾性。"先例"（precedent or stare decisis）制度被认为是普通法的基石，通常指法官在裁判案件时，就某一法律问题，援引、遵循同级或上级法官就相同或类似问题的裁决意见。由此可见，先例制度的构建，需基于司法层级和裁判文书的公开构建。司法系统的等级分化形成一种制度约束，赋予了先例强制约束力，要求法官在遇到与先前案件相似或相同的法律问题时，采用与同一法院或上级法院的法官相同的司法推理和裁判逻辑。裁判文书的公开，使先前的判决内容可被法官再次查找、援引，推动先例的形成；这种判例法制度推动了裁决的一致性、争议结果的预见性，被认为有利于实现司法公正、社会公平的价值目标。然而，仲裁裁决的"保密性"和仲裁员的"独立性"，与先例制度形成天然的矛盾。仲裁的封闭性、保密性，切断了裁决内容被后续裁判者、从业者参考的途径；而仲裁庭与仲裁机构、法院并无隶属关系，无法对其施加遵守先前裁决、保持裁决一致的制度要求，仲裁裁决的约束力亦仅限于案件相关当事人。传统上仲裁作为平等主体争议解决的"私权救济"仲裁与先例之间的制度差异，是隔在两者之间的一道天堑鸿沟，"仲裁先例"（arbitral precedent or arbitral case law）也应当是个驳论。

然而，近年来随着国外学者不断扩展"先例"的理解，"仲裁先例"的说法也被频频提起。学者们对先例效力（precedent effect）的定义进行了扩展，认为其分为"软性约束力"和"硬性约束力"，当仲裁裁决被部分公开以后，仲裁裁决可以具有一定程度的"软性约束力"，因为它们对后续裁判具有参考作用。因此，先例制度如何促进仲裁机制的优化，也变成了不断被讨论的问题。更多学者从实证分析的角度，验证不同领域的"仲裁裁决"的先例效力。理解先例在国际理论和实践中的重构，亦能对我国仲裁机制的优化提供一定的启发。

二、司法"先例"构建的逻辑起点和范式嬗变

"先例"一词在不同的语境、法系中的定义有些许差别。按照学术通说，先例制度不能简单地理解为泛指整个先前案件的判决，其重点应在于判决所包含的、对后案具有一定的影响力的法律推理模式及法律原则规则的适用和衍生。根据《布莱克法律词典》的解释，"先例"是指：（1）对后续案件的裁判者具有参考价值的、包含了相似的事实或争议问题的已决案件；（2）法院在司法过程中通过确认和适用新规则而造的新法。[①] 由此可见，先例的作用主要是基于体现在"裁判参考"和"规则塑造"这两方面，即"用法"和"造法"这两个维度。需要注意的是，先例制度虽源自普通法系，却是所有发达的法律体系都具有的重要组成部分，并不仅仅依附于某一特别的法律传统，[②] 即使在不同法系、制度中先例的模式和影响力有所差别。但即使是在先例制度强盛的普通法中，基于法官"适用法律、裁判案件"的职业定位和职业约束，法官在先例中的"造法"往往是最后才被诉诸的手段。[③]

（一）普通法系的先例制度

先例制度发源于英国普通法，在普通法系中又被称为"遵守已决案件制度"（stare decisis）。英美法系国家重视法院先前所做的司法裁决，强调当下级法院受理的后案与上级法院作出的前案判决在事实内容或争议焦点上有相

---

① Garner Bryan A, *Black's Law Dictionary*, 7th Ed, West Group, 1999, p.1195.
② 张骐：《建立中国先例制度的意义与路径：兼答〈"判例法"质疑〉——一个比较法的视角》，载《法制与社会发展》2004年第6期。
③ 周赟：《普通法先例制度基本问题研究——一种通识性的论说》，载《法律方法》2012年第12期，第293页。

似或相同之处时，下级法院的法官一般需要遵循先前的判例在相同情境下的做法，[1]可见上级法院的先例对后案裁判具有极强的约束力。[2]然而需要注意的是，并非所有的先前判决都可以成为被遵循的先例，成为先例必须符合这两点要件：第一，该判决符合普通法要求的各种形式要件，譬如必须是已经生效的判决，又譬如应当是上级或同级法院做出；第二，该判决所涉及的内容不与成文法以及普通法的基本原则、精神相悖，也不存在另外一个或几个更具权威性且与之相冲突的其他先前判决。[3]而一般满足这两点要件的案件，就当然地成为被后续裁判者参考、遵循的先例。比如，美国联邦司法管辖区地方法院的法官在判决案件时，会受到在其上级美国联邦上诉法院的先例的约束；同理，英国上诉法院的法官在作出判决时，受到上议院的先例的约束。一般只有在该先例适用法律不当、违反正义原则、损害社会利益等特殊情况下，下级法官才可以作出背离先例的判决。[4]法官在不遵循时，也仍然尽可能地寻求与该先例在某些或显著或细微方面的相符或相关。[5]

由此可见，先例制度在普通法系的落实与法院的层级秩序相关，法院的等级秩序构建落实了司法层级较低的法院遵循上级法院法官在同一或类似的法律问题上的判决的义务。如果下级法院法官没有正确地适用先例，或者在没有正当理由的情况下作出与先例相矛盾的判决，那么上诉法院就可以推翻该判决。[6]而对于同一级别的法院判决，则不具有这种强制约束力，但同级法院的判决仍然具有说服力（persuasive effect），具有参考价值。普通法系国家非常强调先例在司法裁判中的作用，甚至强调先例在某些程度上等同于法律（de jure presidential effect）。[7]司法先例在普通法系国家中作为一种主要法律渊源

---

[1] Amy Coney Barrett, "Stare Decisis and Due Process", 74 *Col. L. Rev.*, 1011（2003）.

[2] Konrad Zweigert and Hein Kötz, *An Introducion to Comparative Law*, 3rd ed., Oxford: Clarendon Press, 1998, p.260.

[3] 周赟:《普通法先例制度基本问题研究——一种通识性的论说》，载《法律方法》2012年第12期。

[4] Lamond Grant, Precedent and Analogy in Legal Reasoning, at https://plato.stanford.edu/Entries/legal-reas-prec/（Last visited on January 2, 2023）.

[5] 周赟:《普通法先例制度基本问题研究——一种通识性的论说》，载《法律方法》2012年第12期。

[6] Lewis A. Komhouser, "Adjudication by a Resource-constrained team: Hierarchy and Precedent in a Judicial System", 68 *S. CAL L. REV.*, 1605（1995）.

[7] Ibid.

而存在，具有可比肩于成文法的约束力。[1] 基于先例在普通法系司法裁判过程中的强约束力，学者们将其描述为"硬性先例"。

（二）大陆法系的"先例制度"

有趣的是，在大陆法系国家，也发展了另一种"遵循先例"模式，即判例制度（jurisprudence constante），先例虽然没有法律上的约束力，却有极强的说服力（persuasive effect），一系列的先例在某个法律问题上的解释甚至形成了一种累计权威"authority"。[2] 否认先例在大陆法系中的效用的观点可能是，在具有成文法传统的大陆法系国家中，大陆法系的司法机构仅有适用法律而没有制定法律的职责，因此法院的先例既没有像成文法一样的约束力，也不具有适用的强制性义务，即无法在制度上强制要求下级法院法官遵循先例。并且，大陆法系国家的法官是根据成文法和一般法律原则，而不是根据先例进行裁判。[3] 然而，虽然大陆法系的国家不会依据单个"先例"作为裁决的理由，但会依据一系列的同类型的"先例"进行释法说理。即使法官没有强制性义务去遵循诸多同类型的先例的释法逻辑和理由进行裁判，但法官在很多情况下还是会选择跟随这些先例的判断路径。[4] 英国比较法学家格特里奇（H.C. Gutteridge）举出了一个例子，指出，先例在民法法系国家具有事实上的约束力（de facto binding effect）。虽在理论上德国法院和法国法院的法官并不受先例约束，但实际中下级法院的法官遵从法国最高法院 the Court of Cassation in France 和德意志帝国最高法院的 Reichsgericht in Germany 的法官作出的判决；并且在适用和解释成文法的过程中，大陆法院的法官一般不愿作出与上级法院法官的裁判相悖的决定。[5] 而在法律规定较为简单时，先例也会为法律的准确适用提供助力，甚至可以说先例制度具有补充制定法的

---

[1] Carleton Kemp Allen, *LAW in the Making*, 5th ed., Oxford: Clarendon Press, 1951, p.273.

[2] John Bell, "Comparing Precedent", 82 *Cornell Law Review*, 1243–1278（1997）.

[3] Harding Alan, "The Common Law Mind: Medieval and Early Modern Conceptions", 116 *The English Historical Review*, 203–228（2001）.

[4] Zekos, Georgios I., "Precedent and Stare Decisis by Arbitrations and Courts in Globalization", 10 *The Journal of World Investment & Trade*, 475–510（2009）.

[5] Gutteridge, Harold C, "Comparative View of the Interpretation of Statute Law", 8 *Tul. L. Rev.*, 1（1933）.

功能。①Lamond Grant 教授提出，在法国，民事违法行为（civil wrongs）行为法在法国民法典汇总的规定非常简略，也造成了法律适用上的一些困难，因此法官在裁判过程中会引用一系列关于解释和适用这些条款的案件，来弥补法律规定较为空泛的缺点。②在法国的行政法领域，几乎所有重要的原则、规则都是通过先例来塑造。③Klaus Peter Berger 教授将先例在大陆法系国家的模式描述为"软性先例"，意指虽然法院的先例没有法律上的约束力，但存在极强的说服力（persuasive precedent）且暗含一定程度的事实约束力。

（三）先例制度的内涵和外延

由此可见，虽不同法域对先例的定义和适用不一，但法院先前的判例着实对后续的裁判有一定影响，即使这种影响的程度不一。法官在裁判时，为了论证判决思路的合理性，减少后续判决被推翻的风险，都会在一定程度上参考先前的重要判决。由此，西方的学者引入了先例效力（precedential effect）的概念，来描述不同法域的法院对先例的遵守程度，也扩展了看待先例问题的视野。

总的来说，遵循先例的范式，一般就是将先例中的裁判逻辑和理由引用到后案中，以证成后案裁决思路的正当性。④因此，衡量先例效力的一个重要指标，就是后续的法官对先前的案例的参考率和引用率。接着，学者们也提出，在讨论"先例"时，也不将其狭隘地定义为普通法下的"严格遵循先例"原则（又称硬先例原则），而另外发展出一种名为"说服性先例"的概念（persuvasive precedent），即虽然没有法律上的强制的约束力，但会被裁判者慎重参考、借鉴甚至是引用的判决，具有某种实践意义上的权威性（practical authority），可以用以证成裁判的准确性和正当性。⑤

由此可见，即使对先例制度的具体建构范式的标准并不统一，但先例制

---

① Rudolf B. Schlesinger and others, *Comparative Law*, 6th ed, Foundation Press, 1998, p.690.

② Lamond Grant, Precedent and Analogy in Legal Reasoning, at https://plato.stanford.edu/Entries/legal-reas-prec/（Last visited on January 2, 2023）.

③ 周赟：《普通法先例制度基本问题研究——一种通识性的论说》，载《法律方法》2012 年第 12 期。

④ Frederick Schauer, "Has Precedent Ever Really Mattered in the Supreme Court?", 24 *GA.ST.U.L. REV.*, 381-401（2007）.

⑤ Thomas E. Carbonneau, "Rendering Arbitral Awards with Reasons: The Elaboration of a Common Law of International Transactions", 23 *Colum. J. Transnat'l L.*, 579-614（1984）.

度普遍存在于诸多法律体系的法律实践中。这也延伸出了些许疑问：为何在各个法域中均会建构先例制度？该制度存在的正当性是什么？实际上产生了什么样的作用？理解先例适用背后的法理和制度基础，也有利于我们进一步讨论先例制度在仲裁中的学术争论。

三、"先例"的制度内核和价值取向

首先，先例制度是提高司法公信力、实现司法公正的重要途径。[1] 司法系统自我完善的内驱力，是先例构建的制度动因。法律规则是法官决断、分析、归责社会主体行为的量尺，而司法裁判依托国家公权力，指示行为结果，强化规则框架，形成与社会团体的正反馈效应。然正如博登海默所言，语言本质上的局限决定了以此为载体的法律无法完美精确地表达立法意图，[2] 人类社会实践的纷繁多样性也给抽象法律的准确适用增加难度。成文法的抽象性和一般性，加之法官在裁判案件时所具有的自由裁量权，增加了法律适用和司法裁判的不确定性，进而可能导致矛盾的裁判。而先例制度，则是将抽象的法律规范落实到具体的案件事实中，展示了前案在相同或类型情形下的裁判路径，给后续的裁判者一把适用法律、解释法律的量尺，弥补成文法的局限性。[3] 这就是先例的"适法"作用。另外，以马丁·夏普罗（Martin Shapiro）和道格拉斯·诺斯（Douglass Cecil North）为代表的美国学者则进一步指出先例制度体现了司法规则的制度设计功能，即先例具有"造法"功能。道格拉斯·诺斯认为，在商业体系迅猛发展的资本积累阶段，法院作出一系列财产权保护的相关判决，填补法律的空缺，降低了非私人主体的交易成本，推动跨区贸易的发展和社会财富的积累。[4] 马丁·夏普罗教授强调，"先例"具有推动制度变革的效用，不断修改、完善组织人类社区的规范和"适当性逻辑"，

---

[1] Thomas W. Merrill, "Originalism, Stare Decisis and the Promotion of Judicial Restraint", 22 *CONST. COMMENT*, 271–288（2005）.

[2] 〔美〕博登海默著：《法理学：法律哲学与法律方法》，邓正来译，中国政法大学出版社2004年出版，第11页。

[3] Ibid.

[4] North Douglass R, *Institutions, Institutional Change, and Economic Performance*, Cambridge: Cambridge University Press, 1990, p.82.

使得法律适应不断变化的环境。

更具体来说，先例对司法系统的正面效用首先就在于先例可以维护法律的确定性和裁判的可预期性。① 马克斯·韦伯也曾强调，具备形式合理性的法律就是可预期的法律，这不仅指立法上的可预期性，还指司法裁判上的可预期性。② 公众对成文法之内涵与外延的不确定性的担忧，在实践中则大多体现为对裁判者适用法律规范的方式和结果的不确定的担忧。③ 而法律的不确定性和司法判决的不可预测性，会极大地影响人们对法律这一具有行为指引作用的社会规范的信赖。正如霍姆斯所强调，法律并不仅仅是文本意义上的法律，而是作为司法过程和结果的法律，是关于法官将要做什么的预言。④ 而先例无疑是人们理解法律的重要部分。⑤ 先例的制度价值就体现为，先例映射了成文法在具体案件背景下的解读和延展，将抽象的法律规定落地于现有的判例、事由中。一方面，先例可以让行为人更具体地了解特定行为的法律后果；另一方面，先例作为一种司法指引，也让社会公众和法律实践者更好理解法律规范的确切内容。换言之，先例一定程度上消弭了法律职业共同体和社会公众对法律条文的抽象感知，让他们更具象地理解成文法的内容，加强了法律的确定性和可预测性。

并且，先例的指引使得相似情形下的当事人得到同类的判决结果，通过推动法律适用的一致性和确定性，落实"法律面前人人平等"这一重要法律原则。⑥ 对于裁判者而言，先例是搭建在抽象的文本法律与具体的事实状况之间的桥梁，前案的司法智慧指引着后续的司法裁判行为，可以有效避免或减少

---

① Radin Max., "Case Law and Stare Decisis: Concerning Prajudizienrecht in Amerika", 33 *COLUM. L. REV.*, 199-230（1933）.

② 〔德〕马克斯·韦伯著：《法律社会学》，康乐、简惠美译，广西师范大学出版社 2005 年版，第 28 页。

③ 田源：《行为法律经济学视野中的"法律确定性命题"——以规则和标准的分类为线索》，载《法制与社会发展》2018 年第 2 期。

④ Oliver Wendell Holmes, "The Path of the Law", 110 *Harvard Law Review* 991-1009（1997）.

⑤ Henry P. Monaghan, "Stare Decisis and Constitutional Adjudication", 88 *Colum. L. Rev.*, 723-773（1988）.

⑥ Wasserstrom, Richard A., *The Judicial Decision: Toward a Theory of Legal Justification*, Stanford: Stanford University Press, 1961, p.82.

矛盾裁决的出现。同时，先例可以减少法官的个人价值偏好对裁决结果的影响，约束法官权力、限制司法专断。[1] 毕竟，"同案同判"（平等适用）是公众对于司法裁判的合理期待，而"同案不同判"难免会引发对法律公平性、正义性的质疑。[2] 可以说，法律面前人人平等原则的落实、司法判决的可预测性、连贯性和一致性，与司法权威和司法公信力的构建息息相关，而先例则在优化司法系统上起着不可忽视的作用。"遵循先例"的要求，限制着法官的过度自由裁量，增加了司法裁判的可预测性，提高了司法系统的合法性和公信力。

更重要的是，从司法技术和实践层面上看，先例对裁判者也有不可忽视的效益。著名的法经济学家波斯纳和威廉·兰德斯也就先例机制在美国司法系统中的功能，做了全面的理论和实证研究。[3] 他们指出，先例是一种集体智慧（collective wisdom）和司法经验（accumulated experience）的凝结，包含了法官对律师所提出的证据和观点的回应，具有极高的参考价值。先例实践的优势在于，它增加了法院的良好决策的可复制性。法院判决的可复制性，是指其他人可以根据相关法律材料、系统中使用的推理规范以及熟悉的情况，对特定结果的可能性做出明智的判断。而能够作为先例的判决，无疑是对涉及的法律问题做了充分的解释、阐述、论证，丰富了法律规范本身的含义，体现了制度设计的精神。[4] 当法律规定较为空泛，或者法律滞后于社会发展需求时，先例制度也起着填补、修正成文法的空缺的作用。Alec Stone Sweet 教授从司法技术的角度上，将先例解读为"类比推理"和"规则塑造"的过程：一系列相似的诉讼案件的出现→推动某个代表性案件的判决形成先例→这个司法规则在后续的裁判被法官和律师不断参考、引用→先前的案件裁判的影响力进一步增强→形成对某个问题上的裁判的路径依赖，扩展、具象化了对

---

[1] 张骐：《建立中国先例制度的意义与路径：兼答〈"判例法"质疑〉——一个比较法的视角》，载《法制与社会发展》2004年第6期。

[2] 李学尧、葛岩、何俊涛、秦裕林：《认知流畅度对司法裁判的影响》，载《中国社会科学》2014年第5期。

[3] Landes William M. and Richard A. Posner, "Legal Precedent: A Theoretical and Empirical Analysis", 77 *Journal of Law and Economics*, 249-307（1976）.

[4] Meyers, Marvin., *The Mind of the Founder*: *Sources of the Political Thought of James Madison*, Brandeis University Press, 1973, p.52.

成文法的解读。① 这种类比推理的法律演绎模式是裁判思考的起点，更是为何需要"先例"的本质原因。先例制度被构建的基础不仅是法院强制力的支撑，还是"先例本身的内容"和裁判现实的需要。先例本身的论证逻辑、法律解释、事实认定就具有的参考意义，裁判者也必须根据现有的法规和过去的案例来考虑个案的事实。"参考先例"是"适用法律"所必经的思考过程，甚至是推动规则细化、完善的过程。先例之所以有参考性和说服力，不仅是因为制度赋予了先前判决以权威、以强制约束力，更重要的是先前判决中蕴含着某种理性和累积的司法智慧。

总而言之，司法系统自我完善的内生性动力，是先例制度构建的基础。从制度正义的维度上看，先例有利于法律面前人人平等原则、司法判决的可预测性、连贯性和一致性等制度愿景的落实，这些要素都与司法权威和司法公信力的构建息息相关。从实用主义的角度上看，先例的内容具有可参考性和可复制性，是集体智慧和司法经验的凝结，可以促进释法说理的高效性、合理性。可以说，先例制度在法院系统中构建，有利于提升司法公信力和公正性。

四、"仲裁先例"构建的困局

在先例制度被切入"仲裁"的讨论语境中时，引起了激烈的学术争论。先前学界的主流观点认为，仲裁裁决不具有"先例"的约束力，并且，仲裁本身的制度特点，与先例的构建并不兼容。

首先，仲裁是一种基于当事人意思自治构建的、契约性的争端解决方式，因此缺乏强有力的、层级性的机制来落实先前"仲裁裁决"对后续裁决的约束力。法院遵循先例以国家权力为依托，与法院层级的设置息息相关。在普通法地区，如果初审法院法官不履行遵循本地区上诉法院，及该初审法院的上级法院的先例，上诉法院可以推翻原法院法官的裁决，而司法系统在考核法官审判工作时，无疑会考虑其被推翻的裁决数量。可以说，司法系统对法官行为的约束，使遵循先例的义务得以落实。② 大陆法系国家即使不实行严

---

① Shapiro, Martin, and Alec Stone Sweet, *On Law, Politics, and Judicialization*, Oxford: Oxford University Press, 2002, p.112.

② Zekos, Georgios I., "Precedent and Stare Decisis by Arbitrations and Courts in Globalization", 10 *The Journal of World Investment & Trade*, 475–510（2009）.

格的判例法规范，也有一整套关于法官行为的考核标准，约束法官慎重考虑先前的判决。先例制度的建构与司法秩序的等级配置和对裁判人员的等级规范息息相关。然而，仲裁机制本身的特点就与先例具有"不兼容性"。仲裁基于当事人的意思自治而设立，仲裁员不像法官，受到严格的制度和层级约束，仲裁机构之间彼此独立竞争、无上下层级之分，法院对仲裁的干预、制约也较少。仲裁"一裁终局"，更不存在一个"上诉机构"来"撤销"或"修改"已裁案件，落实先例的约束性。在这种情况下，先例的"强制性约束力"本身就是天方夜谭。而先例的"软约束力"，即仲裁先例的"说服力""参考性"能否发挥，则很大程度上取决于仲裁员的自由裁量。仲裁庭通常是为特定的案件而设立的，并非像法院受制于保证国家司法统一的任务，更多是考量具体案件中的裁决公正和商业经济需要。①

其次，仲裁的保密性特点也使得仲裁裁决的"先例效用"难以发挥。公开、系统整理、不断更新的法院判决是先例构建的"源头活水"。法院的判决之所以能够称为先例，就在于该判决不仅能被案件的双方当事人获取，也能被其他的法院法官、律师甚至是公众所习得。但仲裁裁决无法做到充足、全面的公开，因此，仲裁裁决也很难被案件相关当事人和法律从业者外的人员知晓、参考。香港国际仲裁中心就明确指出，仲裁私下进行，是保密的，除个别情况下，当事人通常不得披露仲裁结果。因此，如果想通过一案设立先例，以便将来约束其他人，仲裁不是理想的选择。② 只有仲裁裁决被充分公开、系统整理，才有被后案的裁判者、律师甚至是公众参考、援引的可能。在仲裁裁决较少且缺乏整理的情况下，仲裁员和法律从业者可能更倾向于从法院的先例、法院的代表性案例去寻找论证、裁判的思维基点。

再次，仲裁的独立性、灵活性，也使得什么样的裁决可以成为"仲裁先例"这一问题难以回答。仲裁机构之间相互独立，没有上下级和隶属关系之分，因此在相类似的案件情况下，也可能存在不同的判决。仲裁员也有自由裁量权，可以从根据法律法规、事实依据，作出与先前的类似的仲裁案件相矛盾

---

① 李金泽：《国际商事仲裁中的先例适用》，载《国际商务：对外经济贸易大学学报》1997年第4期。

② 《什么是仲裁》，载香港国际仲裁中心官网，https://www.hkiac.org/zh-hant/arbitration/what-is-arbitration，最后访问日期：2022年3月13日。

的裁决结果。①从仲裁员的角色定位上看,仲裁员仅在当事人指定下负责个案的裁判,并没有任何的法律义务来遵守先前裁决,维护仲裁裁决的一致性。②如何定位某个"仲裁裁决"、某个"裁判要点"可以具有先例效应,具有参考性和说服力,也是一个充满争论的问题。司法先例中,法院层级设置与先例效力的捆绑,暗含了一个逻辑,即上级法院的法官比下级法院的法官更有经验和能力,因此下级法官应当接受他们就某一法律问题作出的判决,进行正确的法律适用;但在仲裁实践中,仲裁员与仲裁员之间、仲裁机构与仲裁员之间并没有层级设置的约束。那如何确认哪些仲裁员作出的案例,才是最具有"先例效应"的?

最后,仲裁和法院争议解决中的角色定位并不相同,"先例"在仲裁程序中的构建缺乏制度土壤。③司法机构承担着一定的公共职能,司法机构的公共权力的来源在于公众的授权,形成了国家公权力机关与个体之间的一种"委托契约"关系,形成了一种"公众对公共权力的信任"和"公权力对公众的信用"的动态平衡。换言之,对公共利益和公共信任的保护构成了司法权来源的合法性基础,因此司法机构的运作必须符合公众对司法公正的期待,必须通过先例制度来维护判决的一致性、合理性和法律面前人人平等原则。与司法制度不同,仲裁是一种契约性的争端解决方式,而不是为促进全球商事交易而构建的权威、合法的上层建筑或经济治理公共产品。④支付仲裁程序的制度成本的是参与仲裁程序的当事人而不是国家财政,因此仲裁是基于当事人的需求构建,而不承担太多公共治理功能。⑤这种情况下,是否有必要引入"先例制度",也让许多人产生怀疑。

---

① Béguin Nicolas, "The Rule of Precedent In International Arbitration", 161 *Yale LJ* 1930 (2009).

② Ibid.

③ Zekos, Georgios I., "Precedent and Stare Decisis by Arbitrations and Courts in Globalization", 10 *The Journal of World Investment & Trade*, 475-510 (2009).

④ Pongracic-Speier. Monique, "Confidentiality and the public interest exception: considerations for mixed international arbitration", 3 *The Journal of World Investment & Trade*, 231-265 (2002).

⑤ Zekos, Georgios I., "Precedent and Stare Decisis by Arbitrations and Courts in Globalization", 10 *The Journal of World Investment & Trade*, 475-510 (2009).

五、支持"仲裁先例"的立场

然而，近年来在国际仲裁领域的研究中，以 Gary Born 教授为代表的一系列的学者提出，从理论层面和实践层面上，仲裁裁决都有不可忽视、不可否认的"先例效力"（presidential effect）。正如前文所论述，"先例"在成文法系国家的效用已然证明，先例的范式不仅表现为普通法下被"严格遵循"、具有"强制约束力"的先前判决。学界已然延展了看待"先例"制度的视野，提出"先例效力"一词，即先前裁判内容存在的说服力、权威性，重视发挥司法裁判中先例所蕴含的制度价值，发挥先例所积累的集体智慧和司法经验。实践中，亦有许多仲裁员基于先前的仲裁裁决作出裁判，推动着"仲裁判例"（arbitral case law）的发展。[1]

在此背景下，Perret François 教授提出，不能仅因仲裁裁决"强制约束力"的缺乏，而忽视仲裁裁决的"先例效力"的存在。Karl-Heinz Böckstiegel 教授[2]则将"仲裁先例"称为"软先例"（soft precedent）或"说服性先例"（persuasive precedent），意指这些仲裁先例虽然没有强制约束力，但是其裁决的理由、结论必须被后续裁判者审慎考虑，[3]它们可以用来证明仲裁员裁决的合理性。[4]Alec Stone Sweet 教授则认为，"仲裁先例"是指存在于先前的仲裁裁决中，可以被后续的裁判者、律师和仲裁员用以建构论点，用以合理化、正当化论证逻辑的裁判内容。[5]国际仲裁界的学者更倾向于将"仲裁先例"定义为由具有代表性的仲裁裁决构成的"语料库"，不局限于普通法下严格的"既判力""约束力"原则，而是着眼于先前裁决的"说服力""参考性"价值。讨论先例是否存在，与其说探讨仲裁员是否遵

---

[1] Gary Born, *International arbitration: Law and Practice*, The Netherland: Wolters Kluwer, 2021, p.658.

[2] Thomas E. Carbonneau, "Rendering Arbitral Awards with Reasons: the Elaboration of a Common Law of International Transactions", 23 *Colum. J. Transnat'l L.*579（1984）.

[3] Ibid.

[4] Fuller Lon, *The Morality that Makes Law Possible*, New Haven and London: Yale University Press, 1964, p.46.

[5] Alec Stone Sweet, and Florian Grisel, *The Evolution of International Arbitration: Judicialization, Governance, Legitimacy*, Oxford: Oxford University Press, 2017, p.93.

循"仲裁先例",不如说探讨仲裁员是否"参考、重视仲裁先例"更为适宜。在这个理论前提下,学者们从以下几个方面论证了"仲裁先例"存在的可能性。

(一)"仲裁先例"具有实际效用

"参考先例"在实践层面是一种具有效益的司法技术,也是法律推理的逻辑起点。前文分析已然提到,从认知心理学的角度上看,当人们面对新问题、新情况时,总会运用过去的经验进行类比推理(analogical reasoning)来提出解决方案,"类推"是人类所固有的思考方式;[①] 从司法裁判的角度看,人类固有的"类比推理"的思维方式也无疑会影响裁判者释法说理的过程,过去的案件对于某些法律规则的诠释论证,也会成为当前裁判的参照指引。学者 Paula Costa e Silva 和 Beatriz de Macedo Vitorino 进一步指出,从实际效用的维度,适用某个国家法律的每一项决定都可以被视为先例,只要适用该法律的其他决策者认为前案的论证过程是充分、合理的,因此仲裁裁决也和司法判决一样具有说服力和参考价值。[②] 再之,既然前案的裁决会对法官在解决相关纠纷时的思维和决策产生影响,那理论上可以推断这种参考"先前仲裁裁决"的思考路径,在仲裁过程中也会同样存在。学者 Alexis Mourre 更是指出,"仲裁先例"更像是一种裁判实践中的"事实",重点不在于讨论其是否存在,而应该是在于其如何运作。[③]

这就导向了另外一个问题,如果参考"先例"是纠纷解决、案件裁判过程中的必经思考路径,那为什么仲裁员需要参考"仲裁先例",而并非"法院先例"。不可否认的是,司法先例的构建有法院的权力机构支撑,制度和政治立法结构使得法院的案例会比"仲裁案例"具有更高级的效力位阶。但是,如果扩展看待先例问题的视野,将先例价值着眼于"说服力"的层面,

---

① Shapiro, Martin, and Alec Stone Sweet, *On Law, Politics, and Judicialization*, Oxford: Oxford University Press, 2002, p.112.

② Paula Costa e Silva and Beatriz de Macedo Vitorino, Filipa Lira de Almeida, Kluwer Arbitration Blog: Arbitral Precedent: Still Exploring the Path, at https://arbitrationblog.kluwerarbitration.com/2018/10/28/arbitral-precedent-still-exploring-the-path/(Last visited on June 8, 2023).

③ Gaillard, Emmanuel, and Yas Banifatemi, *Precedent in International Arbitration*, No.5., Paris: Juris Publishing, Inc., 2008, p.41.

仲裁先例也可以具有"先例价值"。因为论证合理且理由充分的裁决可以且确实具有说服力，也可以凝聚成一种集体仲裁智慧，供未来的当事人和仲裁员借鉴。① 许多仲裁员也会欢迎关于如何解决具有类似事实和类似情况的其他争议的指导。② 并且，如果仲裁先例比法律先例更符合商事社会的现实需求，那仲裁先例也可以具有更强的"说服力"。正如国际商会国际仲裁院（ICC）的仲裁庭在 Dow Chemical v. Saint-Gobain 一案中所言，仲裁员作出的裁决也构成一种"仲裁判例法"（arbitral case law），应该予以考虑。因为这些裁决是从经济现实中得出结论，并符合国际商业的需要。而国际仲裁的具体规则本身就是对跨境商事需求的一种回应。③ 学者 Paula Costa e Silva 和 Beatriz de Macedo Vitorino 进一步指出，国际商会国际仲裁院（ICC）的仲裁庭在定哪些先例（司法或仲裁）具有约束力和其实际的约束力的发挥之间并没有绝对的因果关系，很多时候是裁判、决策过程和先例的内容推动裁判者去溯源过去的决定和司法意见，以更好地解释法律和理解规则。④

然而必须承认，当仲裁员适用"国内法"裁决时，仲裁员还是会更倾向于参考"司法先例"而非"仲裁先例"。⑤ 毕竟在实践中，当以国内法为适用法律时，仲裁裁决的"说服力""权威性"等先例价值，仍是很难和国内法院判决抗衡。但如果仲裁员适用的法律并不是一国的国内法，而是某些国际条约或软法时，先前的仲裁裁决的"先例效应"就会更加明显。学者 Valériane König

---

① Buys, Cindy Galway, "The Tensions between Confidentiality and Transparency in International Arbitration", 14 *Am. Rev. Int'l Arb*, 121（2003）.

② Seriki Hakeem, "Confidentiality in Arbitration Proceedings: Recent Trends and Developments", 3 *J Bus L*. 300（2006）.

③ Gaillard, Emmanuel, and Yas Banifatemi, *Precedent in International Arbitration*, No.5., Paris: Juris Publishing, Inc., 2008, p.41.

④ Paula Costa e Silva and Beatriz de Macedo Vitorino, Filipa Lira de Almeida, Kluwer Arbitration Blog: Arbitral Precedent: Still Exploring the Path, at https://arbitrationblog.kluwerarbitration.com/2018/10/28/arbitral-precedent-still-exploring-the-path/（Last visited on June 12, 2023）.

⑤ Sophie Nappert, "By Wit or Fortune Led: Thoughts on a Role for Precedent in International Commercial Arbitration", 3 *TDM*. 5（2008）.

所做的实证研究也证明了这一点。①他对比了ICSID仲裁裁决和ICC仲裁裁决的"先例影响"（presidential effect），指出与ICSID仲裁庭相比，ICC仲裁庭在裁决时更需要适用国内法，因此ICC仲裁庭也更倾向于引用国内法院的判决而非先前的仲裁裁决；但ICSID仲裁庭则大量引用先前的ICSID的仲裁裁决，ICSID仲裁裁决也对国际投资法的完善和发展起到了核心作用，仲裁员的释法功能也是法律发展的一部分。

（二）仲裁裁决公开的尝试

在当前国际仲裁的学界与业界中，普遍认为完全的保密性（total confidentiality）不再是绝对的准则。根据伦敦大学玛丽皇后学院所做的《2015年国际仲裁调查》的意见显示，只有33%的当事人认为仲裁保密性是他们会选择仲裁的理由。②在许多仲裁机构和不同领域的仲裁实践中，也有一系列删除敏感信息、隐去当事人姓名的仲裁裁决被公开。许多一流的仲裁员和仲裁机构也支持进一步公开仲裁裁决，以推动仲裁领域的"案例法"的发展，提高程序透明度和裁决的一致性，更好地为当事人服务。③

仲裁机构也在保护当事人利益和部分公开仲裁裁决间不断做尝试和平衡。比如，国际商会国际仲裁院（ICC）在几十年以来一直有发布编辑、删减过的仲裁裁决要点的实践。公开和传播有关仲裁的信息一直是ICC的承诺之一，ICC认为这可以推动国际商会的仲裁判例更加容易获得，是促进全球贸易发展的重要手段，也为仲裁实践者带来福音。④即使ICC仲裁规则中并没有关

---

① Niels Petersen, "Marc Jacob. Precedents and Case-based Reasoning in the European Court of Justice: Unfinished Business Valériane König. Präzedenzwirkung internationaler Schiedssprüche: Dogmatisch-empirische Analysen zur Handels-und Investitionsschiedsgerichtsbarkeit [The precedential effect of international arbitral awards: Doctrinal and empirical analyses of the Commercial and Investment Arbitration]", 25 European Journal of International Law, 1205-1208（2014）.

② Queen Mary University of London, International Arbitration Survey: Choices in International Arbitration, at https://arbitration.qmul.ac.uk/media/arbitration/docs/2010_InternationalArbitrationSurveyReport.pdf（Last visited on January 23, 2023）.

③ Zlatanska, Elina, "To Publish, or Not to Publish Arbitral Awards: That Is the Question", 81 The International Journal of Arbitration, Mediation and Dispute Management, 25-37（2015）.

④《发布国际商会仲裁裁决书：2019国际商会仲裁透明度的提高》，载Aceris Law LLC网站，https://www.international-arbitration-attorney.com/zh/publication-of-icc-arbitration-awards-2019-advancements-in-transparency-of-icc-arbitration/，最后访问日期：2023年2月13日。

于仲裁裁决公开的相关规定，①但实践中 ICC 一直将具有代表性的 ICC 仲裁裁决在删除个人信息后定期汇编，以书籍或年报的方式出版，美国仲裁协会国际争议解决中心（AAA/ICDR）2009 年 6 月 1 日颁布的规则规定，除非当事人另有约定，否则该机构可以公布或以其他方式公布选定的仲裁裁决，但被公布的仲裁裁决会加以编辑，以隐藏当事人的姓名和其他识别细节。②美国仲裁协会国际争议解决中心（AAA/ICDR）也会在当事人同意的情况下定期发布其裁决的摘录。德国仲裁协会（DIS）规则允许德国仲裁协会可以在仲裁信息汇编收集中，公布经过编辑、修改后的仲裁裁决的相关信息，但不得公布裁决中任何与当事人身份相关的信息。③2008 年生效的香港国际仲裁中心仲裁规则规定，香港国际仲裁中心秘书在收到公布仲裁裁决的请求后，可以以摘要或删节的形式公布仲裁裁决，只要当事人的姓名在公布的裁决中被删除且没有当事人反对。④瑞士国际商会的仲裁规则也包含了类似的规定。⑤著名的商业仲裁裁决也会在一些行业出版物发布，如在《世界仲裁报告》（*World Arbitration Reporter*）、《环球仲裁评论》（*Global Arbitration Review*）、《世界贸易和仲裁材料》（*World Trade and Arbitration Materials*）、《国际法杂志》（*the Journal du Droit International*）和《国际商事仲裁委员会商事仲裁年鉴》

---

① 需要注意的是，在 2012 年 1 月 1 日生效的新公布的 ICC 规则修订中，ICC 再次决定不对当事人施加保密义务。但是，新规则确实允许仲裁庭根据当事人的请求，就仲裁程序或与仲裁有关的任何其他事项的保密性作出命令，并可以采取措施保护商业秘密和机密信息。参见 ICC Arbitration and ADR Rules, Art. 23（3）。详见 International Chamber of Commerce, 2021 Arbitration Rules, at https://iccwbo.org/dispute-resolution/dispute-resolution-services/arbitration/rules-procedure/2021-arbitration-rules/（Last visited on January 2, 2023）。

② Thomson Reuters Practical Law, AAA/ICDR Rules by Practical Law Arbitration, at https://uk.practicallaw.thomsonreuters.com/Browse/Home/PracticalLaw?transitionType=Default&contextData=(sc.Default)&comp=pluk（Last visited on January 23, 2023）。

③ German Arbitration Institute, at https://www.disarb.org/en/arbitration-and-alternative-dispute-resolution/arbitration/arbitration-process（Last visited on January 2, 2023）。参见 German Institute of Arbitration （DIS）Rules 98, s 43.2。

④ HKIAC, at http://www.hkiac.org/arbitration/rules-practice-notes/administered-arbitration-rules/hkiac-administered-2008-2#39（Last visited on January 2, 2023），2008 HKIAC Administered Arbitration Rules, Article 39.3。

⑤ Swiss Rules of International Arbitration（Art. 43（3）），at https://www.swissarbitration.org/wp-content/uploads/2021/07/2004-SRIA-SwissRules_-2004_English_ok.pdf（Last visited on January 2, 2023）。

(the International Council for Commercial Arbitration Yearbook of Commercial Arbitration)等出版物上定期发布相关裁决内容。但需要注意的是，国际商事仲裁裁决的公布比例仍然极小，且这些裁决也往往仅以摘录或摘要形式提供，且当事人通常有反对发表的"一票否决权"。

相比之下，国际投资仲裁和专业仲裁（即运动仲裁、域名仲裁、海事仲裁）中，仲裁裁决的公开更为全面，而许多学者也认为这些领域的仲裁裁决"先例效力"更为明显，"软先例"（soft precedent）普遍存在。[1] 这些领域的仲裁裁决通常被系统公布在网络数据库中，并且以方便检索的形式呈现。当下，几乎所有的国际投资仲裁裁决都会被全部或部分公开，在许多专业数据库[2]中可以看到国际投资仲裁裁决被系统地披露和检索，而国际投资仲裁案件的仲裁员也经常在先前的国际投资仲裁裁决中寻找裁判的思路和依据。[3]PCA、ICSID也会在机构数据库、内部期刊或与出版社合作，定期公布国际投资仲裁裁决。再比如，世界知识产权组织（WIPO）仲裁与调解中心将仲裁裁决公布在WIPO的官方网站，以方便检索的形式呈现，[4] 并且会挑选代表性案例和裁判要点，编撰出版《WIPO决定概述》（WIPO Overview）。[5] 网络技术的进步和普及、LexisNexis、HeinOnline、Westlaw等数据库的广泛使用，也为司法实践者查找、引用仲裁先例提供了现实土壤。

有些学者进一步提出，即使仲裁裁决没有被公开，仲裁从业者也有一些渠道可以知晓、获得裁决内容。仲裁是一个人才高度集中化、专业化的"小圈子"（an elite group），较少的仲裁员和律师占据了仲裁业务的大部分份额。即使裁决没有公布，仲裁员也可能是相同或类似案件的重复参与者，重复参加仲裁的律师也同样会积累对以前的纠纷的了解；在高度专业化的案件领域，同一法律执业者还可能以律师、代理人、仲裁员的身份变换，反复参与同类型的案件。

---

[1] Strong, Stacey I., "Reasoned Awards in International Commercial Arbitration: Embracing and Exceeding the Common Law-Civil Law Dichotomy" 37 *Mich. J. Int'l L.*1（2015）.

[2] ITALAW, at www.italaw.com（Last visited on January 2, 2023）.

[3] Strong, Stacey I., "Reasoned Awards in International Commercial Arbitration: Embracing and Exceeding the Common Law-Civil Law Dichotomy" 37 *Mich. J. Int'l L.*1（2015）.

[4] WIPO, WIPO Overview of WIPO Panel Views on Selected UDRP Questions, Second Edition, at http://arbiter.wipo.int/domains/rules/cctld/expedited/pl/index.html（Last visited on January 2, 2023）.

[5] Ibid.

重复参与者的仲裁员和律师会积累对先前类案的了解,并可能援引过去的裁决来支持他们目前的立场。[1]并且,仲裁员会倾向于跟随领域知名的、有话语权的仲裁员作出的裁判思路和裁判立场,相应地,由知名仲裁员作出的裁决,也更可能被公开。[2]这些知名的、行业话语权较强的仲裁员所做的仲裁裁决,一般就会被认定为"仲裁先例"。

(三)仲裁机构的推动作用

前文的论述提到,法院"先例制度"的构建,是以司法层级和一系列对法官的制度约束为依托;松散、灵活度高、约束性小的仲裁机制,特别是以"临时仲裁"代表的仲裁模式,使得单个仲裁裁决很难对后案产生持续的、系统性的影响。但仲裁机构的参与,则为仲裁先例的构建和发展起到了推动作用。[3]

首先,讨论仲裁裁决中能否存在"先例效应",需要考虑仲裁裁决中会有多少相同或类似的案件出现。先例基于"类案类判"的法律推理和演绎逻辑,适用先例制度的前提,是有相同和类似案件的出现。临时仲裁的模式往往会使得仲裁裁决较为分散化、碎片化,但机构仲裁的出现,会形成集聚效应,吸纳同一类型、同一领域的案件在仲裁机构中集中管理,也会集聚一批专业领域内的仲裁员和律师,推动类似的争议焦点的汇集,为先例制度的构建提供客观条件。[4]并且,仲裁机构基于宣传、抢占市场份额的动机,会编撰、公开一些具有代表性的仲裁裁决,对相类似的争议焦点进行汇集梳理,在机构官网或合作出版物中公开仲裁裁决。这无疑是为后续的仲裁员、当事人、律师参考仲裁先例提供了便利。

其次,仲裁机构的存在对仲裁员的裁判过程起了一定的指导、监督作用。仲裁机构为仲裁程序提供了一套全面、细致的管理机制,虽然仲裁员与仲裁机构之间大多是聘用关系而非行政隶属关系,但仲裁员仍然有义务遵守仲裁

---

[1] Gehring, Mark and Cordonier Segger, Marie-Claire (eds.), *Sustainable Development in World Trade Law*, Vol.9: Kluwer Law International BV, 2005, p.585.

[2] Peter Seitz, "The Citation of Authority and Precedent in Arbitration (Its Use and Abuse)", *ARB. J.*58 (1983).

[3] Sweet, Alec Stone, and Florian Grisel, *The Evolution of International Arbitration: Judicialization, Governance, Legitimacy*, Oxford: Oxford University Press, 2017, p.210.

[4] Meshel Tamar, "Procedural Cross-Fertilization in International Commercial and Investment Arbitration: A Functional Approach", 12 *Journal of International Dispute Settlement*, 585–616 (2021).

机构内部的仲裁员守则，仲裁机构亦可以通过制定和改进仲裁规则和强制性程序来管理案件和监督法庭。① 并且，仲裁机构的行政人员的作用，比如仲裁秘书、主任，虽然在很大程度上是"隐性"的，但也是"实质性"的。② 他们使仲裁机构能够有效跟进、监督仲裁程序，有时甚至就某些问题向仲裁员提出建议。③ 因此，仲裁员受仲裁机构提供的建议和指导方针的约束。虽然，仲裁员独立裁判、仲裁机构不能干涉仲裁员的决定，但是仲裁规则的约束、仲裁机构的监督压力以及公平合理仲裁的要求，无形中会促使仲裁员更加审慎地进行案件裁量，参考、重视先前类案的决定，以提高裁决的"说服力"和正当性。如果仲裁员偏离了先前的"仲裁裁决"思路，作出相悖的决定，他们可能需要承担论证义务。

并且，仲裁机构间在国际争议解决市场中的竞争压力，激励着仲裁机构利用"仲裁先例"提高争议解决的服务质量和公正性。先例的实际效用在前文已有论及，可以说，保护公共利益、推动司法公正是"法院先例"构建的"内驱力"。但正如学者 William Landes 和 Richard Posner 指出，仲裁领域中主要是经济因素而非公共利益导向驱动仲裁先例发展。④ 仲裁机构为了在激烈的争议解决市场竞争中取得优势，也会进一步重视对仲裁案例的梳理和参考，因而促进仲裁裁决的"先例效应"的形成。首先，仲裁先例的适用可以避免对某些问题的重复性讨论，特别是对程序性问题的重复性讨论，缩短裁决时间，提高裁决效率。⑤ 其次，仲裁机构在激烈的市场竞争中想要当事人信任，仲裁员想要更多地被当事人、被仲裁机构信任、指定，就必须凸显其争议解决过程的公正性、合理性。此时，对仲裁先例的重视，对类案的参考、对比、论证，有利于提升仲裁裁决的质量和说服力，让败诉方当事人更好地接受裁决结果，

---

① Sweet, Alec Stone, and Florian Grisel, *The Evolution of International Arbitration: Judicialization, Governance, Legitimacy*, Oxford: Oxford University Press, 2017, p.79.

② Simões Fernando Dias, *Commercial Arbitration Between China and the Portuguese-speaking World*, The Netherlands: Wolters Kluwer Law & Business, 2014, p.123.

③ Béguin Nicolas, "The Rule of Precedent In International Arbitration", 161 *Yale LJ* 1930（2009）.

④ William M. Landes & Richard A. Posner, "Adjudication as a Private Good", 8 *J. Legal Stud.* 235（1979）.

⑤ Richard C. Reuben, "Constitutional Gravity: A Unitary Theory of Alternative Dispute Resolution and Public Civil Justice", 47 *UCLA L. REV.* 949（2000）.

也有利于后续裁决的承认和执行。① 仲裁机构在市场需求的驱动下，也会推动"仲裁先例"的适用，整合、编撰仲裁代表性案例，以提高裁决的一致性和正当性，推动当事人更多地选择该仲裁机构的法律服务。

六、各类别仲裁"先例效用"的实证研究和价值取向

Weidemaier 教授强调，由于仲裁类别的纷繁多样性，仲裁先例的模式在各个领域中也有所差异。② 从实证研究的角度上看，学者从"仲裁裁决中对类案裁决的态度""仲裁裁决的引用率（包括对裁判要点、案件名称的引用）"和"同类案件的裁判思路的相似性"这三个维度，来检视"仲裁裁决"的先例效应。③

在国际商事仲裁领域，学者通常以 ICC 国际仲裁院作为实证调研目标。Gabrielle Kaufmann-Kohler 教授对国际商会仲裁院公布的 190 份裁决进行系统的实证研究，发现约有 15% 的仲裁裁决引用了其他仲裁裁决。这些引用大多涉及管辖权和程序问题，例如，提出管辖权异议的时间、仲裁庭下令采取临时措施的权力。在确定案件法律适用时，也会参考以前的仲裁案例，例如，关于当事人在法律适用上多大程度享有自主权，或在当事人没有做出选择的情况下，仲裁员可用以确定适用法律的方法有哪些。相比之下，在案件的实体内容的裁判上，很少参考先前的仲裁裁决。如果有参考，也是与学术著作、法院判决相结合考虑。④ 因此 Gabrielle Kaufmann-Kohler 教授进一步强调，在商事仲裁裁决中，对于程序性问题的裁决比实体问题的裁决更具有"先例价值"（precedential value）。有趣的是，香港国际仲裁中心对"仲裁先例"的存在持否定态度，却在 2022 年建立了 HKIAC 案例汇编数据库，以可检索的方式收录 HKIAC 所作程序性决定的匿名摘要，包括 HKIAC 程序委员会及委任

---

① Richard C. Reuben, "Constitutional Gravity: A Unitary Theory of Alternative Dispute Resolution and Public Civil Justice", 47 *UCLA L. REV.* 949（2000）.

② Weidemaier, W. Mark C., "Toward a theory of precedent in arbitration", 51 *Wm. & Mary L. Rev.* 1895（2009）.

③ Trans-Lex.Org Law Research, ICC Award No. 6363, YCA 1992, at 186 et seq., at https://www.trans-lex.org/206310/_/icc-award-no-6363-yca-1992-at-186-et-seq/（Last visited on January 16, 2023）.

④ Gabrielle Kaufmann-Kohler, "Arbitral Precedent: Dream, Necessity or Excuse?-The 2006 Fershfields Lecure", 23 *Arb. Int'L* 357（2007）.

委员会根据不同规则对程序性问题的分析。① 这实质上也是一种"程序性的仲裁先例"。

但国际商事仲裁裁决在实体商事法律的适用、解释上的"先例效用"也不可忽视，这种"先例效用"发源的驱动力是商事活动、商事交易的现实需求。通过对 ICC 国际仲裁院公布的一系列仲裁裁决的实证研究，学者发现 ICC 仲裁庭在一系列裁决书中也多次论及先前仲裁裁决的说服力、权威性和对"类案裁决"的重视："先前的公布仲裁裁决构成了一系列的'仲裁判例'（arbitral case law），是一些重要的、权威的类案裁判观点，② 因为它们反映了国际商事活动的现实需求"，必须被后续的仲裁员审慎考虑。③ Alex Stone Sweet 教授认为，ICC 在仲裁裁决中逐步形成的国际商事惯例（trade usages）并在裁决中将国际商事惯例作为一种准据法适用，本身就是仲裁裁决"先例效力"的体现。④ 学者 A.H. Raymond 研究了美国的商事仲裁发展实践，提出公开商事仲裁判决、推动商事仲裁先例构建有助于仲裁机构、监管机构和州立法机构及时了解商业实践的发展，提高切合商业发展需求的商事规则颁布的效率。⑤ 虽必须承认的是，在涉及国内法的适用时，仲裁员还是会更倾向于考虑法院作出的先例。⑥

---

① 《新闻报道：HKIAC 案例汇编库荣获〈环球仲裁评论〉最佳创新奖》，载香港国际仲裁中心官网，https://www.hkiac.org/zh-hans/news/hkiac-case-digest-wins-gar-award-best-innovation，最后访问日期：2023 年 3 月 8 日。

② Sweet, Alec Stone, and Florian Grisel, *The Evolution of International Arbitration*：*Judicialization*, *Governance, Legitimacy*, Oxford: Oxford University Press, 2017, p.79. 在此书中，作者列举了一系列相关案件，如 ICC Case No 10671 in Jean-Jacques Arnaldez, Yves Derains, and Dominique Hascher, Collection of ICC Arbitral Awards 2001-2007（Wolters Kluwer, New York 2009）689 1974-1985（Wolters Kluwer, New York 1994）124；ICC Case No 4126（1984）in Sigvard Jarvin and Yves Derains, Collection of ICC Arbitral Awards 1974-1985（Wolters Kluwer, New York 1994）511, ICC Case No 8385（1995）in Jean-Jacques Arnaldez, Yves Derains, and Dominique Hascher, Collection of ICC Arbitral Awards 1991-1995（Wolters Kluwer, New York 1997）474。

③ Ibid.

④ Ibid.

⑤ Raymond, Anjanette H., "Confidentiality in a Forum of Last Resort：Is the Use of Confidential Arbitration A Good Idea for Business and Society?" 16 *Am. Rev. Int'l Arb*（2005）．

⑥ Sophie Nappert, "By Wit or Fortune Led：Thoughts on a Role for Precedent in International Commercial Arbitration", 3 TDM. 5（2008）.Sophie Nappert, "By Wit or Fortune Led：Thoughts on a Role for Precedent in International Commercial Arbitration", 3 TDM. 5（2008）.

但有些学者也强调，当事人在商事活动中选择仲裁而非法院解决纠纷的一个重要原因，是期待商事案件通过仲裁程序解决时，能得到与司法裁判所不同的结果。仲裁员不严格遵循法院先例，而是根据考虑其他外部法律权威，作出更符合商业需求、保护商事实践裁决。这种情况下，"商事仲裁先例"无疑是扮演了非常重要的角色。学者 E Gaillard 和 J Savage 更是进一步提出，国际商事仲裁"先例"逐步构成了跨国商事习惯法的一部分。①

在国际投资仲裁中，通说认为前案的仲裁裁决有"事实上的先例效应"（a de facto doctrine of precedent）。②Christoph Schreuer 教授强调，虽然从法理上，国际投资条约并没有规定仲裁裁决具有"约束力"，但实践中仲裁员都基于先前的国际投资仲裁裁决作出决定。③在 El Paso 案中，仲裁庭指出当事人双方在其书面诉状和口头辩论中也都大量参考、引用国际投资仲裁先例。④从实证数据上看，Jeffery Commission 教授分析了 1990 年至 2006 年期间公布的投资仲裁裁决，发现 ICSID 仲裁庭引用了约 80% 的 ICSID 先前的裁决，并据此来论证投资仲裁中确实存在"仲裁先例"。⑤Alec Stone Sweet 教授也支持这个观点，并辅以数据证明：自 2005 年以来，大约 90% 的 ICSID 仲裁裁决都引用了先前 ICSID 的案例。

"仲裁先例"在国际投资仲裁领域呈现强盛的发展趋势，主要是因为投资

---

① Fouchard, Philippe, and Berthold Goldman, Fouchard, Gaillard, Goldman on international commercial arbitration, The Netherland: Kluwer Law International BV, 1999, p.189.

② ESCOBAR Alejandro, "The Use of ICSID precedents by ICSID and ICSID tribunals", British Institute of International and Comparative Law, 1–5（2005）. Kaufmann-Kohler Gabrielle, "Arbitral precedent dream, necessity or Excuse? The 2006 Freshfields Lecture", 23 Arbitration International, 357–378（2007）; Gibson, Christopher S., and Christopher R. Drahozal, "Iran-United States Claims Tribunal Precedent in Investor-State Arbitration", 23 J. Int'l Arb.521（2006）; Bjorklund Andrea, "Investment treaty arbitral decisions as jurisprudence constante" 158 UC Davis Legal Studies Research Paper 1–21（2008）; Paulsson Jan, "International arbitration and the generation of legal norms: treaty arbitration and international law", 3 Transnational Dispute Management, 1–14（2006）.

③ Christoph Schreuer, "Diversity and Harmonization of Treaty Interpretation in Investment Arbitration", 3 Transnat'l Disp. Mgmt 1（2006）.

④ El Paso Energy International Co. v. Argentine Republic, ICSID Case No.ARB/03/15（2006）.

⑤ Commission, Jeffrey P., "Precedent in Investment Treaty Arbitration-A Citation Analysis of a Developing Jurisprudence", 24 J. Int'l Arb.129（2007）.

仲裁是一种全球治理手段，涉及东道国和投资者之间的利益保护和分配，因此对争议解决程序的合法性、公正性有更高的要求。① 正如仲裁庭在 Saipem v. Bangladesh 案中强调，处理相同或类似的问题时，参考先前类案裁决，有利于促进投资争端解决的一致性和可预测性。因此仲裁庭有义务重视"仲裁先例"，并有责任采用一系列类似的案例中确立的解决方案和裁判思路，以促进投资法的统一性，满足东道国和投资者群体对法治确定性的合法期望。②

在一些新兴的、专业性较强的行业里，仲裁裁决的"先例价值"也极为明显。观察世界知识产权组织（WIPO）仲裁与调解中心就域名争议案件的仲裁实践，可以看到所有的从业者都自愿地、系统地利用以前的判决，形成了域名仲裁领域的"先例体系"。WIPO 仲裁与调解中心通常是以《统一域名争议解决规则》（UDRP）作为解决域名案件的实体性和程序性规则。由于域名仲裁属于新兴领域，UDRP 较为宽泛性、原则性的规定无法满足现实争议解决的需求，因此在实际法律问题的处理上，仲裁员通常会借鉴、参考 WIPO 的先前裁决。Gabrielle Kaufmann-Kohler 教授统计，在 2006 年秋季发布的 110 项裁决中，有 85 个案件 540 次引用了之前的域名裁决。Andrew Christie 教授和 Fiona Rotstein 教授计算出，总共有 77% 的案件引用了其他先前仲裁裁决，而在这些包含引用的裁决中，每个裁决的平均引用次数超过 6 次。③ 在 WIPO 网站上，它列出了 25 个被引用次数最多的裁决，统计结果显示，被引用次数最多的决定已被提及 10192 次。④ 可以说，WIPO 仲裁与调解中心在域名争议仲裁实践中形成了一套独特的判例法体系，具有"准先例法"特色。⑤ 在 Fresh Intellectual Properties, Inc. v. 800Network.com, Inc 一案中仲裁员强调先前裁决的重要性，就在于它们反映了众多仲裁员适用 UDRP 规则裁决时、经过研

---

① Irene M Ten Cate, "The Costs of Consistency: Precedent in Investment Treaty Arbitration" 51 COLUM. J. TRANSNAT'L L.418（2013）．

② Saipem v. Bangladesh, ICSID Case No.ARB/05/07（2009）．

③ Christie, Andrew F., and Fiona Rotstein, "The Evolution of Precedent in Mandatory Arbitration-Lessons from a Decade of Domain Name Dispute Resolutions", 30 The Arbitrator & Mediator, 65-74（2011）．

④ WIPO, WIPO-25 MOST CITED DECISIONS IN COMPLAINT, at https://www.wipo.int/amc/en/domains/statistics/cases_cited.jsp?party=C（Last visited on June 2, 2023）．

⑤ 高田甜：《世界知识产权组织（WIPO）域名仲裁中的"准先例法"》，载《河北法学》2009 年第 6 期。

究和考虑的共识立场。当形成这种共识时，各小组有责任遵循该共识（或多数意见），以促进UDRP裁决之间的一致性。[1]

类似地，在运动仲裁领域，仲裁裁决也具有像域名仲裁一般较强的"先例效用"。国际体育仲裁法庭（CAS）是为了解决体育纠纷而设立的仲裁机构。学者J.Lindholm对由CAS管理的体育纠纷仲裁案件做了相关的实证研究，发现从1995年到2006年，40%—80%的案件引用、参考了先前的仲裁裁决，而自2007年以来，约有80%的裁决引用了以前的决定，且裁判的思路有惊人的一致性。[2]CAS的仲裁员也在其决定中强调，尽管类似案件的仲裁裁决不具有约束力，但这些裁决必须被后续的裁判者谨慎考虑，[3]有些仲裁员甚至提出"必须赋予CAS以前的裁决以实质性的先例价值，主张改变判例的一方应该为此提交有说服力的论据和证据",[4]因为这有利于维护体育界争议解决的一致性和可预期性，保护当事人合法期望。[5]

Postema Gerald教授[6]和Weidemaier教授[7]指出，"仲裁先例"在域名仲裁、运动仲裁等新兴的、专业性较高的行业里的快速发展，主要是因为它们具有填补立法空白的功能。当成文法规定较为宽泛或是适用法律依据空缺时，仲裁员需要参考先前的判决，甚至遵循它们，以证明他们的裁决的公正性，增强说服力。并且，在新兴行业的仲裁过程中，适用的法律或规则的缺乏，则意味着仲裁员的任务之一是发展实体制度。因此，仲裁员的裁决就会起到创建新规则、指导未来的仲裁员的效用，这就是仲裁裁决的先例效用的体现。再之，在专业性较强的领域，执业门槛较高，不仅需要具有法律从业资格，还需要对相关行业背景有比较透彻、全面的了解。因此符合要求的仲裁员、律师和

---

[1] Fresh Intellectual Properties, Inc. v. 800Network.com, Inc. Case No.D2005-0061（2005）.

[2] Lindholm, Johan, Lindholm, and Reschke, Court of Arbitration for Sport and Its Jurisprudence, The Hague: TMC Asser Press, 2019, p.96.

[3] UCI v. Jogert & NCF, CAS 97/176, Award 1998（2010）; Cullwick v. FINA（CAS 96/149）（1997）.

[4] Anderson, et al. v. IOC, Arbitration CAS 2008/A/1545（2008）.

[5] CAS 97/176 Jogert（2010）.

[6] Postema Gerald J, Precedent in Law: Some Roots of our notion of precedent, Oxford: Clarendon, 1987, pp.15–23.

[7] Weidemaier, W. Mark C., "Toward a theory of precedent in arbitration", 51 Wm. & Mary L. Rev. 1895（2009）.

法律从业者并不多，也使得裁判人员的分布更为圈子化、集中化，进一步推动"先例效应"的增强。

总的来说，不同领域的仲裁裁决的"先例效用"有所差别。国际商事仲裁中，仲裁裁决的先例效用主要体现在程序性事项，在实体法层面，法院的先例要比仲裁的先例更具有权威性和说服力，仲裁裁决的先例效用较弱；在国际投资仲裁中，仲裁裁决有较强的先例价值，甚至重塑了国际投资法内容；在专业仲裁领域，由于仲裁人员的高度集中和相关法律制度的空缺，仲裁员通常会跟随先前裁决的立场进行裁判，先例效用也愈加明显。即使各个领域仲裁裁决的效用有所差异，但不可否认的事实是，"仲裁先例"确实在争议解决实践中有一席之地，发挥着不可忽视的制度价值。武断地否认"仲裁先例"的存在，会忽视先例所蕴含的制度优势，不利于推动仲裁机制的自我完善和发展。

七、"仲裁先例"与中国实践兼容吗？

文章最后需要思考的问题是，在当下中国，有没有可能，以及有没有必要构建仲裁先例制度？在讨论这个问题之前，需要先回答中国的法院体制间存不存在"先例"制度。先前学界有许多观点指出，中国不存在像普通法国家那样的遵循先例制度。法院的判决仅对个案有约束力，不对其他案件有约束力。并且，上下法院之间的层级维护、管理并不是通过先例制度，而是通过法官的人事任免、疑难案件请示以及上级法院对下级法院的考核等带有非司法性质的行政管理模式来实现的。在遇到疑难案件的法律适用时，下级法院通常会向上级法院请示，以上级法院答复为依据而非直接遵循上级法院的先例裁判。[①]

然而，在 2012 年，周赟教授对这个问题做了比较全面的分析。[②] 他指出若单纯地纠缠于形式、纠缠于名称，那么当下中国肯定不存在英美国家的先例制度；但如果探析"先例"一词后面指的实质内涵，那完全有理由认为，当下中国不乏相应实践和制度安排。在中国的司法实践中，上级人民法院对某一类似案件的判决结论，当然也会对此后下级人民法院的相关判决构成一定

[①] 庞景玉、何志：《浅议案件请示的改革路径》，载《人民司法》2010 年第 15 期。
[②] 周赟：《普通法先例制度基本问题研究——一种通识性的论说》，载《法律方法》2012 年第 12 期。

的约束力。最高人民法院经过特定程序认定并经过正式渠道公布的"指导案例",对后续下级法院的裁判也有极强的说服力和参考性。中国的案例指导制度本身就是一种"中国特色先例制度"。从制度构造的功能意义上看,通过案例指导制度树立一些鲜活、具体的案例,使得至少在此后的典型案件中人们不再产生争论;通过案例指导制度对现实案例的不断采用,可以在保证立法的大致稳定的同时又能与时俱进地应付不断变化的社会生活。① 陈兴良教授也指出,中国法院一直就有刊登公报案例、构建"参照案例制度"的实践。② 这些参照案例对我国法院的审判起到了总结、提示与指导的作用,对克服成文法运行过程中的局限性、统一法律的适用标准、指导下级法院的审判工作、提高司法公信力具有重要作用,更使得我国逐渐形成了一种多元的法律规则体系:法律—司法解释—案例指导制度。③ 侯猛教授从法院体制优化的角度支持"参考先例"的模式,称中国法院在裁判过程中有引证最高人民法院指导案例的做法,律师在实践中也常以现有争议和类似判决加以类比推理,呈送并说服法官。在适用法律遇到疑难问题时,他支持在某些情况下可以下级法院参照上级法院的判决的模式来代替下级法院"征询"上级法院意见的做法,以裁判程序淡化上下级法院间的科层化特征,强化上下级法院间关系的正当性和司法审判的公正性。④ 王利明教授则从司法实践的现状切入,指出对于涉争议焦点和法律解释方法较为纷繁的疑难案件,坚持裁判的可预期性不仅较难实现,也可能会否定司法的专业性和复杂性;但司法实践中,90%甚至更高比例的案件是简单案件,对此类案件应当统一处理,参考先前的判决,推动高效、统一裁判。⑤

---

① 周赟:《普通法先例制度基本问题研究——一种通识性的论说》,载《法律方法》2012年第12期。
② 《最高人民法院发布加强案例指导工作情况》,载最高人民法院网,https://www.court.gov.cn/zixun-xiangqing-14623.html,最后访问日期:2022年9月13日。最高人民法院从1985年开始在《最高人民法院公报》刊登公报案例,并在2010年建立了案例指导制度。
③ 陈兴良:《案例指导制度的规范考察》,载《法学评论》2012年第3期。
④ 侯猛:《司法的运作过程——基于对最高人民法院的观察》,中国法制出版社2021年版,第101页、第204页。
⑤ 王利明:《司法裁判的可预期性》,载中国民商法律网,http://old.civillaw.com.cn/article/default.asp?id=62613,最后访问日期:2023年2月13日。

再之，本文论证"先例制度"的理论前提，是强调不拘泥于严格的"既判力"原则，而着眼于先前裁决、判决的"说服力"价值。从司法技术的角度看，并非直接将"先例"作为裁判依据，而是将"先例"放在说理部分，强调对先前判决的"借鉴、参考"，以增强裁判的合理性。这种裁判技能体现的并非严格的演绎推理三段论的模式：以制定法为大前提，事实依据作为小前提，再得出判决结论；而是需要适用类比推理，寻找同一制定法中类似的司法判例，来适用、解释法律条文，[1] 推动案情相似或相同的纷繁个案形成比较统一的法律适用和司法裁判路径。[2] 从这个维度看，参考"先例制度"，也有利于中国司法实践的优化。

那接着要思考的问题就是，中国仲裁实践为什么需要"参考"仲裁先例的实践。中国构建案例指导制度的原因，就在于法院一定程度上具有公共政策导向功能。法院裁判不仅对当事人有直接约束力，也对社会公众产生一定的"外部性"效力，司法机构不仅承担着解决私人主体争议的职责，更如同一个以民众顾客为导向、向社会提供"公共产品"的超级企业。[3] 法院为了保护公共利益，需要尽量保证裁决的一致性和可预测性。那中国的仲裁实践，是否也会有这些制度考量。答案是肯定的。仲裁机制和法院系统都是中国争议解决机制的有机组成部分，都涉及对抽象法律规范的解释、适用过程，因此有必要通过参考案例推动律师和法官在逻辑推理、法律演绎上的合理性和一致性。沈伟教授也强调，仲裁的可预期性比诉讼的可预期性更为重要，因为仲裁具有一裁终局的特性，修正仲裁的途径较少，仲裁制度的临时性和不统一性，会降低商事仲裁的合法性和公信力。[4] 中国各个仲裁机构也会选取一些代表性仲裁案例，公布在"中国法律服务网"，不仅列明争议焦点、案件事实、裁决结果等基本要件，还辅以详细的案例评析、结语建议，阐述案例背后更深层次的司法价值判断和政策导向，提示社会公众在具体行业法律风险、

---

[1] 〔美〕史蒂文·J.伯顿著：《法律和法律推理导论》，张志铭、解兴权译，中国政法大学出版社1998年版，第89页。

[2] Shapiro, Martin, and Alec Stone Sweet, *On Law, Politics, and Judicialization*, Oxford: Oxford University Press, 2002, p.112.

[3] 关玫：《司法公信力研究》，吉林大学2005年博士学位论文，第746页。

[4] 沈伟：《商事仲裁法：国际视野和中国实践》，上海交通大学出版社2020年版，第746页。

常见诉争和风险防范手段。[①]

从仲裁先例构建的客观要件上看，对已有的判决有序公开、规范整理，是先例制度构建的一个重要客观要件。当下，中国知名的仲裁机构，如中国国际贸易仲裁委员会、北京仲裁委员会、深圳国际仲裁院等，都会在其官网公开仲裁典型案例。并且，全国各地仲裁机构，也在中国法律服务网持续公布其仲裁案例和裁决。虽然发布的裁决内容隐去了当事人的姓名，但对案情简介、争议焦点、法律适用都有极其详细的描述，足以让读者对案件的裁判思路、适法逻辑有充分的了解。

然而，在这些公开的仲裁案例中，并没有任何的仲裁案例引用了、提及了先前的仲裁裁决，也没有任何的仲裁案例引用了人民法院的指导性案例。裁决的依据仍仅有具体的法律法规和最高人民法院的司法解释。在笔者与中国国际贸易仲裁委员会、北京仲裁委员会、深圳国际仲裁院的仲裁员的交流、访谈过程中，他们也强调，在作出裁决时，一般会参考法院判决或者仲裁裁决的裁判思路，但并不会在仲裁裁决中引用说明。从这个维度上看，将仲裁先例在国际层面上的理解带入中国的实践并不适宜。

但正如学者李金泽所言，先前我国现行的司法体制和法学界普遍认为先例不应当作为法院裁决的依据，导致法学界对仲裁法律适用的研究也有忽视先例的倾向。[②] 然而近几年来，中国逐步构建指导性案例制度，也引起了国内对构建中国特色法院"判例制度""先例制度"的讨论。但目前国内关于商事仲裁的研究，仍然较少涉及对"仲裁先例"这一国际前沿问题，这不利于我国仲裁理论与实践与国际接轨。本文最后提出，当前中国的仲裁实践，可以适度借鉴"仲裁先例"的实际效用价值，特别是在程序法上的效用。特别是在商事新领域和热点问题上，仲裁裁决有时甚至会比法院的判决更具有启发性。同时，可以学习"司法指导性案例"的构建模式，设置中国特色的"仲裁类案参考""仲裁指导性案例"机制，收集各个仲裁机构具有代表性、承担司法经验和集体智慧的高质量裁决，为商事仲裁领域提供更高质量的裁决参考。

---

① 在中国法律服务网（12348 中国法网）上，已经公布的仲裁裁决有 1288 个，囊括了诸多仲裁机构和不同的案件类型。

② 李金泽：《国际商事仲裁中的先例适用》，载《国际商务（对外经济贸易大学学报）》1997 年第 4 期。

同时，仲裁机构应当学习国际一流仲裁机构的公开、编撰、参考模式仲裁裁决、摘要、收集裁判要点，构建"仲裁先例"的模式，推动仲裁机制的高效、公正、合理的发展。

北京数字经济治理体系中企业衍生数据法律保护研究

唐建国[*]

- 摘 要

    自进入数字经济时代以来,以企业衍生数据为代表的数据要素市场化配置改革正在引领新一波技术产业革命。如何厘清衍生数据脉络、界定衍生数据权属、保护数据主体合法权益,成为提升北京数字经济治理法治化水平的重要课题。近年来,北京市在国家有关部门的指导下,从制定完善政策法规、促进平台经济健康发展、培育数据要素市场、完善多元治理格局等方面探索构建数字经济治理体系,取得显著实践成效。在北京市数字经济治理体系框架下,分析了企业衍生数据的定义、特点及其生命周期,重点探讨了平台经济、元宇宙等数字经济领域的企业衍生数据法律保护问题,从数据伦理、个人信息保护、数据权属、数据安全四个层面构建出企业衍生数据法律保护体系,根据不同数据主体的权利需求建立不同的权利保护机制,针对不同的保护侧重点,建立内容来源权、持有权、加工使用权和经营权四维的权利配置体系。

- 关键词

    数字经济治理 企业衍生数据 数据伦理 个人信息保护 数据权属 数据安全

---

[*] 唐建国,北京市大数据中心副主任,兼任北京市经济和信息化局大数据应用与产业处处长,北京仲裁委员会/北京国际仲裁中心仲裁员。

Abstract: Since entering the era of digital economy, the market-oriented allocation reform of data elements represented by enterprise derived data has been leading a new wave of technological industrial revolution. How to clarify the context of derived data, define the ownership of derived data, and protect the legitimate rights and interests of data subjects has become an important topic to improve the rule of law in Beijing's digital economy governance. In recent years, under the guidance of relevant state departments, Beijing has explored the construction of a digital economy governance system from the aspects of formulating and improving policies and regulations, promoting the healthy development of the platform economy, cultivating a data element market, improving the diverse governance pattern, and has achieved remarkable results. Under the framework of Beijing digital economy governance system, the definition, characteristics, and life cycle of enterprise derived data are analyzed. For the legal protection of enterprise derived data in the fields of platform economy, Metaverse industry are emphatically discussed. The legal protection system for enterprise derived data is constructed from data ethics, personal information protection, data ownership and data security. According to the needs of different data subjects, different rights protection mechanisms are established. The four-dimensional rights allocation system of the right of content source, and the rights to hold, process and manage is established for different protection priorities.

Key Words: digital economy governance, enterprise derived data, data ethics, personal information protection, data ownership, data security

近年来，互联网、大数据、云计算、人工智能、区块链等加速创新，日益融入经济社会发展各领域全过程，全球各国纷纷制定数字经济发展战略，出台相关鼓励政策，数字经济发展速度之快、辐射范围之广、影响程度之深前所未有，现今已经成为推动产业结构升级的关键力量。但是，近年来数字经济在快速发展中萌生出一系列问题，新技术的应用对数据安全、数字鸿沟、个人隐私和道德伦理等方面形成了巨大的挑战，数字经济治理应运而生。如果把数字经济比喻为蛋糕的话，数据就是面粉。作为数字经济的重要支撑力量，数据处理者产生并控制着大量数据资源，在网络安全法、数据安全法、个人信息保护法等法规规制的框架下，如何厘清数据脉络、界定数据权属、保护合法权益，是本文重点探讨研究的问题。

一、数字经济治理的内涵与外延

（一）数字经济治理

数字经济是继农业经济、工业经济之后的主要经济形态，是以数据资源为关键要素，以现代信息网络为主要载体，以信息通信技术融合应用、全要素数字化转型为重要推动力，促进公平与效率更加统一的新经济形态。[①] 数字经济发展速度之快、辐射范围之广、影响程度之深前所未有，正推动生产方式、生活方式和治理方式深刻变革，成为重组全球要素资源、重塑全球经济结构、改变全球竞争格局的关键力量。

随着数字经济的深入发展，新技术、新应用所带来的经济社会发展问题不断增多，利益冲突日益凸显，甚至引发了一定的社会矛盾。加强数字经济治理，已成为国际社会的广泛共识。近年来，欧盟、美国、日本等发达国家或地区出台了一系列数字经济制度规则，如欧盟《通用数据保护条例》《非个人数据自由流动条例》《数据治理条例》《数据法案》，英国《数字经济法（2017）》，以及《数字经济伙伴关系协定》（DEPA）等，我国相继出台《网络安全法》《电子商务法》《反垄断法》《数据安全法》《个人信息保护法》等法律，对数据安全、行业垄断等违法行为画出底线，亮出"红灯"。以人工智能为例，在2021年9月，我国出台《新一代人工智能伦理规范》，在人工智能赋能实体经济的大趋势下，向行业提出了6项基本伦理要求和18项具体伦理要求，体现出我国在AI（人工智能）伦理治理领域所做的积极努力。

完善数字经济治理体系，健全法律法规和政策制度，完善体制机制，提高我国数字经济治理体系和治理能力现代化水平，是党中央做出的决策部署。

[①] 《国务院关于印发"十四五"数字经济发展规划的通知》，载中华人民共和国中央人民政府网站，www.gov.cn/zhengce/content/2022-01/12/content_5667817.htm，最后访问日期：2023年5月14日。

2022年的政府工作报告首次提出"完善数字经济治理"，这也意味着，数字经济在连续多年"促进成长""打造新优势"的推进下，已经取得了长足的进步，如何在充分释放新技术的活力的同时，避免经济数字化转型中新技术应用所出现的种种新问题，成为数字经济发展的重中之重。

数字经济治理，是国家治理体系和治理能力现代化建设的重要组成，是指综合利用政策法规、技术手段和管理方式，充分发挥政府以及行业组织、龙头企业、媒体等社会多方力量，对数据资源、信息网络、数字技术融合应用以及数字经济相关主体、活动、发展环境进行综合、体系化的管理，最大限度降低或规避风险，最大限度实现公平与效率。

建立健全数字经济治理体系，主要体现在如下方面：

第一，完善促管并重的数字经济治理制度。技术进步推动社会发展的历史车轮滚滚向前，大势不可阻挡，我们应当树立包容审慎理念，遵循以人为本、普惠共享、永续发展的基本准则，在法规制度、管理方式方面及时调整、主动适应，为技术洪流疏浚河道，构筑起坚实的堤坝。优化数字经济营商环境，推进"放管服"改革，释放市场主体创新活力和内生动力。

第二，打造多元协同的数字经济治理格局。建立跨部门、跨层级、跨区域的治理机制，推行"互联网＋监管"，形成"一触即发"政府监管能力；建立守信奖励和失信联合惩戒，严厉打击危害国家安全、侵害个人隐私、垄断行业经营、破坏数字基础设施等数字经济领域违法犯罪行为；引导平台企业、行业组织、新闻媒体和公众共同参与，强化数字经济治理合力。

第三，解决社会关切的数字经济治理难题。数字经济主要涉及数字基础设施、数据要素价值化、数字产业化、产业数字化等四大方面，数字经济治理也围绕上述内容展开。就当前而言，在安全可控的前提下开发利用数据资源，维护数据处理者的合法权益，避免个人信息被非法收集、泄露和滥用，反对平台经济企业垄断经营干预市场竞争，是社会各界关注的焦点，也是问题比较集中的领域，需要重点加以解决。

第四，形成"用技术管技术"的数字经济治理举措。坚持在发展中谋求安全，"锻造宝刀，不忘配备刀鞘"，数字经济兴于大数据、人工智能、区块链、隐私计算等新技术的发展，也要基于这些技术同步实现技术制约，以强化重大问题研判和风险预警，提升系统性风险的处置能力，提升数字经济治理的精准性、协调性和有效性，坚持发展负责任的数字经济。

（二）北京市数字经济治理的实践探索

近年来，北京市从制定完善政策法规、促进平台经济健康发展、培育数据要素市场、完善多元治理格局等方面入手，探索构建数字经济治理体系，取得了一些实践经验。

第一，加快制度体系建设，明确数字经济治理的顶层设计。2020年8月中国（北京）国际服务贸易交易会上，国家明确支持北京开展以数字经济为特征的"两区"建设。与此同时，北京市相继印发《北京市促进数字经济创新发展行动纲要（2020—2022年）》"1+3"政策文件，掀开数字经济发展的新篇章。2021年7月底，北京市委办公厅、市政府办公厅联合印发《关于加快建设全球数字经济标杆城市实施方案》，提出利用十年左右时间，把北京建设成为全球数字经济标杆城市的宏伟目标，不断提升数字经济治理能力的现代化水平。2022年5月30日，北京市印发《北京市数字经济全产业链开放发展行动方案》，在数据生产、交易流动、数字贸易以及包容创新等方面，进行大胆的制度突破。《北京市数字经济促进条例》于2022年11月底，经第十五届市人大常委会审议通过，自2023年1月1日起实施。《北京市数字经济促进条例》在数据资源、数字产业化、数字经济安全等章节，用较大篇幅对数字经济治理进行了全方位制度设计，其中关于促进公共数据开放、保护数据处理者财产权益、开展数据资产登记评估、设立数据交易所等数据要素市场建设内容，以及鼓励平台企业健康发展（加大研发投入、赋能传统行业转型、支持中小企业创业）、合规发展（健全平台管理制度规则、设立首席数据官）、开放发展（开放生态系统、数据共享合作、不得对消费者实施不公平的差别待遇和选择限制）等内容，引起业内广泛积极的期待。随着制度体系的不断完善，一系列政策"组合拳"相继推出，北京市给产业界吃"定心丸"，吸引越来越多的国内外优秀企业来京发展。

第二，坚持规范与促进两手抓，促进平台经济持续健康发展。互联网平台企业是本市数字经济的重要组成部分，也是经济增长的重要支撑。2022年上半年全市374家重点监测平台企业实现总收入1.3万亿元，贡献增加值1252.5亿元、占地区生产总值比重为6.5%。分行业看，平台企业主要集中在电子商务、文化动漫、生活服务等领域，三个领域的重点监测企业收入占比87.5%。2019年以来，国家陆续下发《关于促进平台经济规范健康发展的指导意见》《关于推动平台经济规范健康持续发展的若干意见》和法律法规，存在合规问题的平台企业受到较大冲击，平台企业盈利模式发生重大转变，部分企业列入合规整改清单。北京市贯彻落实并研究推动平台企业健康发展的政策措施，如依托企业服务包制度，坚持"一企一策"进行重点帮扶，解决重点企业面临的资金压力、场景落地和人才引进问题；制定出台《北京市平台经济领域反垄断合规指引》，帮助在京平台企业提高垄断风险识别、预警、防范能力。社会普遍认为，国家监管非常必要及时，平台企业要从原来的野蛮生长阶段转向合规经营、创新发展阶段，本轮平台经济深层次变革为推动平台企业加大硬科技投入提升核心竞争力提供机遇。中国互联网金融协会对214家互联网企业问卷调查显示，受访企业对"平台经济未来发展"平均信心指数为82，34%的受访企业仍将北京作为首选发展城市。

第三，直面数据流动治理难题，激活数字经济的要素市场。数据是"新石油"，成为数字经济的关键生产资料。但是，促进数据要素流动，构建数据要素市场，必须解决如下问题：即数据如何确权？数据如何定价？数据如何交易？以及北京作为自贸区，如何在服务数据跨境流通活动中维护国家主权？按照《关于构建更加完善的要素市场化配置体制机制的意见》以及《"十四五"数字经济发展规划》等政策精神，北京市深化以数据要素质量、规模和流动效率为内涵的供给侧结构性改革，在解决前述四个问题上给出了初步回答。一是基于区块链技术进行登记——实现数据资产唯一性确权。2019年10月，北京市经济和信息化局、北京市大数据中心启动建设政务数据目录区块链项目，基于以太坊 Fabric 超级账本搭建联盟链，建立"职责—数据—库表"三级数据目录体系，以部门三定职责为根基逐一梳理建立"职责目录"，对应形成全市"市—区—街"数据目录、信息系统台账，并在目录区块链上进行注册。通过目录区块链，北京市在国家机关体系内确定了各类政务数据源的归属和责任主体，明确了数据内容、更新机制、共享开放属性，并与产生数据的信息系统进行挂接，将"依职责产生数据、数据目录上链不可更改、高频数据依据智能合约自动共享"的理念落到实处，实现了业务数据分布式存储、高频共享数据集中式汇聚。① 在此基础上，2022年7月，北京国际大数据交易所设立全国首个数据资产登记中心，基于长安链技术为社会商业数据提供数据确权服务。二是基于资产评估破冰数据资产化改革——探索数据合理化定价

---

① 唐建国：《新数据观下的数据权属制度实践与思考》，载《法学杂志》2022年第5期。

机制。数据定价是数据交易的基础，当前，国内外尚未形成数据资产管理制度体系。在工信部、财政部的支持下，2021年11月，北京市经济和信息化局、财政局和通州区政府在全国率先推动开展数据资产评估工作，参考国家团体标准和行业规范，形成了首份数据资产评估报告，探索了数据资产评估方法，量化了企业数据资产价值。三家数据资产评估服务机构在北京城市副中心率先注册成立。推动成立数据资产登记中心，在确权技术、互信技术、交易技术、评估技术支撑下，为交易平台提供基础性服务支撑。三是基于隐私计算技术实现数据价值流动——创造"可用不可见、可控可计量"新型数据交易范式。2021年3月31日，北京国际大数据交易所组建并运营，其基于联邦学习、多方安全计算、可信执行环境等三种不同技术路线，打造IDeX数据交易平台，面向金融、医疗、商业等应用场景推出企明星、企微镜、任我行等自主知识产权的数据融合产品，在全国率先推动并引领"可用不可见、可控可计量"的新型数据交易范式，以更便捷、合规的方式满足数据使用权、数据产品、数据服务、算法和算力的交易需求，初步回答了通过什么方式，交易什么标的物的问题。截至2022年底，累计入驻平台及引入各类数据产品量为1253个，交易合约共1774笔，数据调用量达7.73亿条。四是基于数据托管服务平台——为国家探索数据跨境管理解决方案。数据作为网络空间的重要元素，已成为国家基础性战略资源，与自然资源、信息资源、智力资源同等重要，数据关乎国家安全，数据跨境流动涉及国家主权。2022年4月，北京国际大数据交易所研发推出北京数据托管服务平台，与朝阳区政府共建CBD跨国企业数据流通服务中心，为跨国企业提供数据托管、脱敏输出、融合计算、建档备案等服务，在技术实现路径方面，为国家跨境数据流动监管进行了有益探索。

第四，创新治理监管方式，让多元主体成为数字经济的"守夜人"。经过两年来的探索，北京市逐步形成政府监管、交易所监管和行业自律等三重监管机制，并尝试建立与之相匹配的技术监督体系，用新型监管模式为市场增信。在政府监管方面，北京市委网信办指导开展数据分级分类管理，组织编制平台企业数据合规指引，依法保护个人信息，积极对接重点领域数据出境需求迫切的头部企业，引导企业按照规范路径开展数据分类分级及出境风险自评估梳理；北京市市场监管局加强平台企业反垄断调查和辅导培训；北京市地方金融监督管理局指导北数所加强业务合规性管理，并对业务进行监管；北京市经济和信息化局在公共数据开放创新基地搭建国产化的"监管沙盒"环境，支持公共数据有条件开放，探索监管技术。在交易所监管方面，交易平台应承担监管职责，北京市指导北数所以合规管理、促进交易为导向，发布《北京数据交易服务指南》，形成覆盖数据交易方式、交易安全、跨境流动等交易全链的规则体系；研究制定交易场内监管规则，明确多层次数据市场主体的准入机制、数据敏感度分级管理等创新规则，形成新型数据交易细则。在行业自律方面，2021年以来，北京市先后推动组建"长安链"区块链联盟、北京国际数据交易联盟、北京人工智能产业联盟，发布了很多协同创新成果、行业规范和合作倡议，参与行业标准起草，加强行业自律和纠纷调解，成为政府与企业之间的桥梁纽带，搭建的共性技术平台，能够为各类交易主体提供可信服务。

综上所述，在数字经济治理体系框架下，健康发展、合规发展、开放发展是平台经济的未来方向；数据权属是数据要素市场的制度基石。包括但不限于互联网平台企业的数据处理者，对其合法收集的初始数据付出劳动进行加工所产生衍生数据是否享有权益？如何保护？是一个代表未来方向的新话题，值得进行深入分析与研究。

二、企业衍生数据的内涵和外延

（一）衍生数据的界定

"衍，水朝宗于海也"，意指水流顺河道而下汇于海，体现了"水河江海"的运行流程；"生，进也"，将事物产生与发展的过程具象化为草木从泥土中诞生成长。据此可将"衍生"一词定义为事物在其运行发展的过程中产生的一种积极的、异质的演变。古人巧妙利用自然现象反映出事物的运行机理或规律，如果用数据的视角看待这一过程，那么可以将数据在流通过程中由各种加工处理而产生的变化定义为数据的衍生。

历经衍生过程的数据被称为衍生数据，它是相对物理世界的数字仿真信息，是指导实践决策的知识产品，也是可以实现价值增值的数据资产。衍生数据究其本质仍是在电子终端设备及网络上流通的，以二进制比特形态存在的符号标识或电磁记录，具有非实物性。这一属性决定了它不受传输、存储、复制、使用等行为而产生有形的损耗，亦不受人力有形的支配和操纵。[1] 除上

---

[1] 高阳：《衍生数据作为新型知识产权客体的学理证成》，载《社会科学》2022年第2期。

述自然属性外，在社会属性方面，衍生数据还具有劳动复杂度高、价值密度大的特点，即具有财产属性。①数据衍生的过程即是数据处理者投入智力劳动，运用技术手段挖掘数据价值的过程，而数据衍生的最终目的是生成满足主体需要、具有使用价值的数据产品，其中部分属于知识产权或商业秘密的范畴。②

在数字经济日新月异的当下，衍生数据正以其独特的经济价值属性，对社会的生产发展起着日益突出的贡献。2022年，北京市数字经济实现增加值1.7万亿元，占全市GDP比重41.6%，发展水平居全国首位。企业作为市场经济中最重要的主体，如何发挥其在引领衍生数据要素市场发展的主导作用，成为政府数字经济治理体系亟待解决的重要课题。

（二）"口径窄化与价值跃升"——衍生数据的生命周期

对于一般数据处理者而言，数据衍生的历程大致可划分为如下四个阶段：

一是对碎片化的原始数据进行采集或是对客观事物进行数字化特征抽提，该过程可称为数据的"零次衍生"。零次衍生也可以称为数字孪生，此阶段获得的数据仍属于原始数据的范畴，不能称得上严格意义的衍生数据，却是后续数据衍生的初始来源。③例如，开普勒耗费毕生观测记录了数百颗恒星几十年间每个夜晚的数据，从而从这些数据中观察总结出行星运动三大定律。在2022年全球数字经济大会上，北京开运联合公司基于全球30余家可见光天文台观测记录的54亿多条空间目标数据，发布了"轨道编目"和"碰撞预警"数据资产，填补了我国商用太空数据领域的空白。采集行星天体这种无主物的数据固然不存在法律问题，但现实生活往往存在众多零次数据衍生的权属问题，例如社交媒体留存用户的帖文、评论，电商平台记录用户的消费行为，可穿戴设备研发公司收集用户的生物特征数据等。诚然，企业采集用户的零次衍生数据的行为，更多是为其进一步完善产品功能而寻求数据支撑，但采集方式必须符合《个人信息保护法》，即在收集用户数据前必须充分告知并征得用户同意。

---

① 陈俊华：《大数据时代数据开放共享中的数据权利化问题研究》，载《图书与情报》2018年第4期。

② 刘双阳、李川：《衍生数据的财产属性及其刑法保护路径》，载《学术论坛》2020年第3期。

③ 严宇、孟天广：《数据要素的类型学、产权归属及其治理逻辑》，载《西安交通大学学报》（社会科学版）2022年第2期。

二是将原始数据进行汇聚、清洗、加工等预处理，可视为数据的"一次衍生"。大数据背景下，数据往往具有来源多、覆盖范围广、字段复杂等特点，对数据进行清洗、比对、加工等预处理，一方面有助于提高整体数据质量，更好支撑后续的数据统计分析；另一方面利用技术手段对敏感数据进行匿名化处理，增强对数据的保护，降低数据泄露风险。其中，针对多源数据，往往采用表关联的方法进行数据合并；针对格式杂乱的数据，可以进行字段提取、格式转换，获取结构化规整数据；针对质量欠佳的数据，则是通过清洗脏数据、填写缺失的值、光滑噪声数据、剔除重复数据、识别或删除离群点并解决不一致性来"清洗"数据；针对数据量大、特征值多的数据，可采用数据规约的手段进行数据精简，从而提取关键指标；而针对一些涉及敏感信息的数据，还可以采用数据脱敏、数据加密、打标签等手段保护使得敏感数据"可用不可见"。经过一次衍生的数据已经初步具备了直接分析利用的条件，但其数据价值仍未得到实质的体现。

三是对于数据进行统计、可视化等初步分析，即数据的"二次衍生"。使用统计学手段挖掘数据的构成、分布以及变化趋势等特征规律，并通过可视化的手段得到直观的解释。例如通过统计用户在线反馈的问题中某些关键词的出现频率，可以帮助商家进一步完善产品及服务；再如通过统计某地区的人均收入可以反映该地的经济发展水平。然而，二次衍生只能通过一些局部性、片段化的数据特征反映整体的情况，对于事物未来的发展趋势、数据之间的关联关系无法给出更为精准的解释，这就需要继续对数据进行进一步的衍生迭代。

四是对数据资源进行深层建模、分析预判，即数据的"三次衍生"。利用人工智能、大数据等技术手段揭示预见性、前瞻性的结论，使得数据处理者拥有超范围协同、超时空预判、精准调控、双向触达等解决问题的新能力。例如通过分析用户消费行为与其消费者年龄、性别、收入水平、受教育程度、婚姻状态等的相关关系，从而构建特定商品的消费画像，帮助商家挖掘潜在消费者，提升营销精准性。数据经历第三次衍生，其数据价值达到最大化，具备直接用于辅助决策的能力。

数据在不同阶段的衍生，体现了从数据到信息、知识乃至智慧的演变过程，数据在总量和聚焦范围上呈现出从宽口径到窄口径的变化趋势，而数据的价值却在一次次的迭代衍生中不断跃升。

（三）"用户创造内容时代"——平台企业衍生数据

1. 社交媒体衍生数据

随着互联网时代的到来和数字技术的应用，人们的社会交往趋于线上化、个体化。微信、QQ、钉钉等即时消息类社交媒体逐渐成为继短信、电子邮件以来的主流通信工具，微信、朋友圈、微博等成为用户发表观点看法的重要平台，甚至一些专业人士在百度贴吧、知乎、豆瓣等平台上发布自己对特定事物的见解。大众用户可以在这些社交媒体平台上浏览、评论、转发甚至复制、保存其他用户公开发布的文案、图片、音视频等。作为社交媒体数据的创造者，用户个人拥有对其发布信息的删除、修改等权利，以此保护自身对数据内容的权属。另外，随着社交媒体平台企业及其开发运营的社交媒体产品的出现，信息传递速度与效率得到了极大提升，信息传媒迈向了个人媒体阶段，随之而来的是社交网络空间产生的海量用户数据，它同样也符合大数据的高价值属性，例如通过分析用户社交网络关系可以为其推荐可能认识或感兴趣的人；分析公众对社会事件的观点态度可以辅助管理者了解舆情动向并做出相应决策等。因此如何从社交媒体原始数据中衍生有用的知识信息成为相关方关注的焦点。社交媒体数据大多以非结构化数据的形式存在，社交媒体运营平台作为数据处理者，采用自然语言处理、模式识别、计算机视觉等技术对数据进行加工，生成可供建模分析的社交媒体原始数据。之后再利用聚类、深度学习、复杂网络分析等技术完成关键词识别、情感分析、知识图谱构建、趋势分析等工作。随着数据处理者投入智力劳动工作量的持续增大，社交媒体运营企业对不同阶段衍生数据的所有权占比似乎也在不断上升，然而用户对其使用社交媒体产生的原始数据，以及企业使用这些数据衍生的其他数据的权属仍未有明确的界定。[①]

此外值得注意的是，社交媒体的诞生实质上为大众提供了一个线上交流、获取信息的"数字空间"，而这个社交空间在新型数字技术的赋能加持下，具备了有别于现实世界的消息生成实时化、信息传递精准化、信息推送智能化的特征。例如用户可以在社交媒体上上传正在发生的时事新闻，平台本身可以通过技术手段自动分析并标记资讯内容所属的细分领域标签，接着通过匹配用户关注的话题关键词即可实现特定信息的定向推送，帮助用户更好了解

---

① 姬蕾蕾：《大数据时代数据权属研究进展与评析》，载《图书馆》2019年第2期。

当前时事热点。这迎合了用户在海量信息时代快速获取资讯的需求,极大提升了信息的传递效率,然而同时也可能妨碍用户信息获取的自主性,引发"信息茧房"困境。① 大量同质化信息的裹挟与禁锢不仅会使信息来源单一,造成信息窄化,亦会使用户思想观点趋同,导致群体极化。

2. 文化娱乐衍生数据

数字文娱产品近年来越来越受到人们特别是年轻人的追捧,人们在抖音、快手上传有趣的短视频,在斗鱼、虎牙开启个人的实况直播,在全民 K 歌上一展歌喉,催生了"网红""up 主"等新潮职业,普通用户不再单纯是文娱的接收者,同时也可以参与到创作过程中来,观众可以给喜爱的创作者"投币""送礼物"以示支持,从而为平台企业和创作者带来可观的流量收入。文娱创作者可以决定是否发布、修改、删除这些数据;但另一方面,承载这些数据的是相关互联网平台企业搭建的软件系统及其后台数据库,平台运营方为存储、计算、传输、维护用户数据付出了代价,需要肯定其付出的劳动。

线下文娱方面,虚拟旅游、虚拟商场、虚拟演唱会等也在重新定义传统文娱业态和商业模式。华为公司与北京市西城区人民政府合作成立北京河图公司,围绕数字消费、文化科技、国际交流等场景开发,已经在北京坊、首都博物馆、隆福寺、大悦城、双清别墅、首钢园等区域实现了河图空间计算系统的示范应用,基于"华为 AR 地图"APP,观众可以凭一部手机就能感受到敦煌的数字艺术展,随时随地来一场身临其境的交互体验,还可以与九色鹿、大锦鲤拥抱拍照。这些沉浸式文化娱乐体验使用的是三维重建和精准的空间计算定位技术,实现了虚拟数字世界与现实物理世界的无缝融合,同时实现对物理世界的数字化衍生。当然在此过程中,也应当注意对文化权属的保护,比如对某个文化古迹或历史文物的虚拟重构需要经过相关主管部门的审核批准,对具有版权归属的动漫、电影人物的数字模拟应当向持有方支付使用费用等。

3. 电商消费衍生数据

衍生数据是电子商务行业发展的必然产物,电商平台通过分析商品浏览量、转化率、回购率、用户评价,结合商品售价、店家运营管理情况等指标,构建评价模型计算商品排名。亚马逊应用大数据技术构建 Bigtracker 选择库,

---

① 孙建丽:《算法自动化决策风险的法律规制研究》,载《法治研究》2019 年第 4 期。

为消费者推荐优质的产品，最大限度缩短用户购物时间。电商消费衍生数据也可以用来解决潜在消费群体识别和用户偏好预测问题，通过分析消费者对特定商品的搜索、浏览、比较和购买等行为，结合消费心理学建模构建用户画像，预测消费者的购买意愿和消费偏好。依托消费大数据和仿真实验，助力电商行业供给侧结构性改革，从消费者差异化需求出发驱动生产，不仅提升了新品开发能力，也更好地满足了消费者多样化需求。但同时也需要注意到，一些电商平台为了牟取利益，往往会强迫用户开放数据收集权限，否则将限制用户使用其产品或服务；此外，部分平台还会依据用户画像实施差别待遇，即"大数据杀熟"。[1]

上述电商消费衍生数据无一例外均是在采集、分析用户行为痕迹信息的基础上得到的，因此可以认为平台运营者和用户共同持有衍生数据的权属。而对于衍生数据本身，由于平台运营者为其投入了一定的智力劳动和计算成本，理应享有对最终衍生数据产品的独立财产性权益，[2] 即未经平台运营方和用户同意，其他组织或个人不得任意使用。

4. 物联经济衍生数据

物联经济是利用各种信息传感器、射频识别技术、全球定位系统、红外感应器、激光扫描器等各种装置与技术，通过互联万物打造便捷高效的生活体验。有数据显示，现在世界上每秒钟就有127台新的物联网设备连接到互联网上；2015年，可穿戴设备市场增长223%；到2025年，汽车物联网市场规模将达到5417.3亿美元。[3] 市场规模的极具膨胀性与消费市场的强大韧性使得物联经济乘着大数据的时代航船破浪前行，开辟出一片崭新的数据市场天地。此时，万物互联产生大量的衍生数据，具体来说，主要指物联设备与外界产生联系时收集和产生的数据，一是物联设备在使用过程中收集的外来数据，例如智能终端和传感器收集的原始数据；二是物联设备与使用者在使用互动中产生的行为数据。

然而物联世界的数据权属并不清晰，著名电动车生产企业特斯拉公司近

---

[1] 张菲、朱桐雨：《互联网平台企业的数据垄断问题研究》，载《国际经济合作》2022年第5期。

[2] 程啸：《论大数据时代的个人数据权利》，载《中国社会科学》2018年第3期。

[3] 《人工智能和物联网——未来技术的融合》，载科幻网，https://www.khhbw.com.cn/article/266-65.html，最后访问日期：2022年11月6日。

年来频繁被曝光在用户不知情的情况下，收集车内视频监控、车辆位置、导航轨迹等数据，引发舆论争议。目前关于物联数据权属问题的主流观点有三种：一是认为由于消费者出资获取了车辆的所有权，且相关数据作为车辆使用过程的附属物，因此其权属理应由车主享有。[①] 二是认为特斯拉公司为原始数据的采集、传输与存储提供了必要的工具和载体，且相较于消费者，车企对于车辆行驶数据的使用需求更为迫切，且更有资源和能力利用这些数据进行衍生加工，因此不宜将数据作为私有客体，而应当承认企业对数据的权属。三是认为物联数据应当由个人控制转向社会控制，并以合同方式建构一种介于用户所有和企业所有之间的灵活中间权，即用户选择数据有条件共享、以数易数、无偿开放等方式与任何需求方让渡数据权属。然而截至目前，消费者和物联设备制造商之间的数据权属边界仍是一个模糊地带，使得当前物联数据确权乱象频发。以智能农机产业为例，部分厂商往往凭借交易地位优势和技术优势，利用合同条款迫使农户同意其收集甚至拥有数据，如果农户不同意，则其购买的农机设备就无法正常使用。[②] 因此亟待建立新型的物联经济企业衍生数据确权法律保护机制。

（四）"元宇宙"——数字仿真衍生数据

"元宇宙"概念源自1992年美国作家尼尔·斯蒂芬森所著的科幻小说《雪崩》。该小说描绘的是一个平行于现实世界的虚拟数字世界，用户通过虚拟现实设备进入虚拟数字世界，在其中以虚拟身份生活，自由创造和交易数字资产，并获得超越现实的沉浸式体验和虚拟社会"认同感"。近年来，随着云计算、虚拟现实、体感设备等快速发展，数字化、虚拟化浪潮席卷全球。在此背景下，人们为克服因面对面近距离接触减少而带来的不便，对远程化、虚拟化生活、娱乐和工作的需求日益增加，形成了元宇宙广泛的市场基础，成为全球性的新投资热点。

"元宇宙"概念可以视为数字仿真衍生数据在某个特定领域或对象的应用场景，而数字化衍生数据是指对客观事物进行刻画和还原而得到的，反映真实世界面貌和规律的数据。数字仿真衍生数据包括两个主要的发展阶段：一

[①] Václav Janeček, "Ownership of Personal Data in the Internet of Things", *Computer Law & Security Review*, Vol.34, No.5（May 2018）, pp.1039–1052.

[②] 张真：《再谈智能农机数据产权》，载《农机市场》2022年第6期。

是孪生数据阶段,孪生数据是利用数字化建模工具对客观事物进行复刻和仿真的产物,追求在数字世界中对现实世界进行精准重构;二是原生数据阶段,原生数据是基于孪生数据构建的数字空间,利用人工智能、机器学习等技术手段发现新的数据、规律或知识,并能反过来指导数据使用者解决客观事物存在的问题。当前数字仿真衍生数据已在孪生数据发展阶段取得了显著进展,正在全面进入原生数据的发展阶段。

基于数字化衍生的元宇宙已经在市民生活、政府治理、商业发展中崭露头角,如虚拟现实、空间计算、数字交易、产业元宇宙等。[①] 根据相关机构的研究数据显示,全球元宇宙经济在2021年达到了388.5亿美元的市场规模,预计2030年达到近7722.4亿美元。但另一方面,数字化虚拟世界治理、个人隐私保护等也为数字化衍生数据发展带来了前所未有的挑战。必须指出的是,无论是技术还是相关产业,目前元宇宙仍然处于初级阶段。在技术层面上,元宇宙不是单一的技术创新,而是各类数字应用的耦合生态;在产业维度上,元宇宙亦不是某一种产业的标识,而是多种产业发展趋势的一种共同性特征。元宇宙的现状更像一张"暂时无法兑现的巨额支票",发展前景诱人的同时也带来了一些乱象。

1. "数字人"的隐私保护问题

个人隐私保护是数字化衍生数据发展过程中需要重点关注的问题,全球最大的社交网络平台脸书将公司名称更改为"元"(Meta),成为率先布局元宇宙的企业之一。Meta公司借助VR和AR技术及设备,吸引用户在虚拟的数字世界中,建立一种类似于现实生活一样可以进行人机互动,能满足工作、交流和娱乐的空间。然而这样一家数字世界的"先驱"却因隐私安全问题饱受争议,近年来Meta公司曾多次因在未征得用户知情同意的情况下收集、共享用户数据而遭受法律指控。国内方面,元宇宙社交APP"啫喱"上线仅三周就在苹果免费总榜、免费应用榜、免费社交榜均位列第一,成为2019年以来第一个排名超过微信的社交类APP,相关话题"元宇宙APP登顶AppStore"在微博平台的阅读量过亿。然而几乎同时,多个社交平台上出现诸如"啫喱泄露用户信息,快卸载""账号注销后啫喱会保留数据15天"等报道,引发

---

① 方凌智、沈煌南:《技术和文明的变迁——元宇宙的概念研究》,载《产业经济评论》2022年第1期。

用户担忧。嗜喱发布声明表示,"网传消息不属实,是竞争对手有组织、有计划地诽谤",但不久后嗜喱 APP 宣布主动从应用商店下架并暂停新用户进入。

当前,随着元宇宙的加速发展,数字化衍生数据的价值属性日益凸显,而个人隐私数据便是支撑元宇宙持续运转的重要底层资源和生产要素,包括但不限于身份属性、生物特征信息、行为路径、社交关系、财产资源等,甚至是心理状态和脑波模式等都将成为潜在的原始数据资源。① 为了保证隐私数据的合法收集、存储、使用,同时避免数据泄露或滥用,必须有更为完善的法律保护机制实现数据管控。

2. "元宇宙"的数据主权挑战

在全球化以及数据互联互通的当下,元宇宙的发展冲击着传统以国家主权为安全边界的经济社会秩序,国际性企业可以在全球范围内收集来自不同国家的用户数据,引发数据主权之争。② 以美国脸书公司为例,目前号称在全球拥有近 30 亿用户,约占世界人口的 40%,涵盖 100 多个国家和地区,全球用户的数据已在悄然之间向位于美国的脸书数据中心汇聚,这在某种程度上可能成为元宇宙时代大国数据资源掠夺的竞争。此外,当前元宇宙的创造和应用是在现有互联网平台上发展起来的,这意味着一个国家拥有的国际性互联网巨型平台企业越多,那么这个国家在数字世界中对数据资源的掌控力就越强,从而形成类似于半导体芯片这种关键核心技术的大国垄断局面。③ 另外,随着数字经济的繁荣发展,以及经济全球化的深入推进,数据跨境活动日益频繁,然而一些跨境企业为追逐利益,将在国内收集到的个人信息数据转卖给境外公司,侵犯了国家数据主权。

此外,元宇宙时代的数据主权还体现在一国对于数字世界意识形态的控制。可以说,谁掌握了元宇宙意识形态的话语权,谁就可以发起一场"没有硝烟"的殖民战争④,通过虚拟化的元宇宙,在精神层面收编和凝聚他国民众,

---

① 张钦昱:《元宇宙的规则之治》,载《东方法学》2022 年第 2 期。
② 伍小乐:《论大数据主权的生成逻辑》,载《湘潭大学学报》(哲学社会科学版) 2022 年第 5 期。
③ 齐爱民、盘佳:《数据权、数据主权的确立与大数据保护的基本原则》,载《苏州大学学报》(哲学社会科学版) 2015 年第 1 期。
④ 克里斯蒂安·福克斯、刘琪、刘明明:《数字资本主义和大数据时代的卢卡奇》,载《马克思主义与现实》2022 年第 5 期。

能够实现"不战而屈人之兵"。因此,元宇宙的数据主权竞争,实质上也是大国数字殖民的竞争。

3. "数字世界"的数据伦理困境

企业是元宇宙产业乃至数字经济发展的活力源泉,在推动公众生活方式变革和数字空间世界建设的同时,也不可避免带来一定程度的伦理道德冲击。例如网络黑客攻击银行、电网等重要信息系统导致现实社会系统的秩序混乱,"数字鸿沟"进一步拉大发展不平衡、不可持续风险,"面向青少年粉丝营销明星周边产品""未成年人直播打赏""网约车乘客遇害""网课爆破""挖矿、炒币陷阱"等相关报道层出不穷,以及前文所述的"信息茧房""数据垄断""大数据杀熟"现象等。在虚拟化的元宇宙世界里面,原有的现实中的法律法规以及公序良俗均面临着考验,而究其根本原因是企业的逐利性与社会伦理道德之间的矛盾。[1] 在多元价值标准的当下,人们在具体情境的道德判断与抉择中常常处于两难境地,即"伦理困境",一个典型案例是菲利帕·福特在1967年提出的"电车难题":[2] 是否应该推动拉杆让电车变轨,杀死另一条轨道的1个人,拯救原轨道上被困的5个人;抑或是什么都不做,放任电车杀死被绑在轨道上的5个人?如果说电车难题只是现实中极小概率发生的思想实验,那么在自动驾驶技术逐渐普及的元宇宙未来,车内乘员与车外第三人生命安全的权利博弈将是必须得到明确解决的法律与道德问题。[3]

基于此,一种观点认为元宇宙技术有其内在的发展逻辑和规律,不以人的主观意志为转移,甚至有悲观者认为机器人、人工智能技术将取代并最终消灭人类成为世界的统治者。[4] 2016年,谷歌AlphaGo机器人以4∶1战胜人类顶级围棋选手李世石;2017年,被评为"最像人的机器人——索菲亚"被沙特阿拉伯授予公民身份,"技术自主论"似乎正被越来越多的人所接受。而笔者则认为技术是一种手段,本身并无善恶,它是人类实践发展的产物,受

---

[1] 黄锫:《大数据时代个人数据权属的配置规则》,载《法学杂志》2021年第1期。

[2] Philippa Foot, "The Problem of Abortion and the Doctrine of Double Effect", *Oxford Review*, No.5 (1967), pp.5–15.

[3] 储陈城:《自动汽车程序设计中解决"电车难题"的刑法正当性》,载《环球法律评论》2018年第3期。

[4] 段伟文:《人工智能时代的价值审度与伦理调适》,载《中国人民大学学报》2017年第6期。

人的控制和主导。[①] 但是由于元宇宙技术的复杂性及企业商业政策的排他性，部分企业设法逃避监管，引发"算法黑箱"问题。因此亟待遵循"科技向善"的原则以及人类社会的伦理道德规范推进元宇宙建设应用，确保数字世界以人为本、服务于人。

综上所述，当前企业衍生数据法律保护实践中存在的主要问题有：一是企业衍生数据权属问题。目前企业特别是平台企业所采集的海量原始数据资源大多来源于用户，即普通民众，然而企业为原始数据的采集与存储提供了必要的工具和载体，并为数据的后续加工处理，甚至交易流通提供了一定程度的智力劳动，但是如何界定各方对衍生数据的权属仍未有一个清晰的解决方案。二是企业衍生数据个人隐私保护问题。在用户创造内容时代，大部分企业衍生数据均是衍生自用户的个人信息，企业在个人信息的采集、汇聚、存储、加工、建模，甚至交易、流通等环节如何保障用户权益是亟待解决的问题。三是企业衍生数据伦理道德问题。大数据、人工智能等新技术的发展正在深刻影响着现实世界，并随之带来数据伦理挑战，例如算法黑箱、大数据杀熟、算法偏见与算法歧视、信息茧房与自主性丧失、数据垄断与数据不平等、数字世界未成年人保护等，如何解决大数据伦理道德问题考验着企业衍生数据政策法规体系的完备性。四是企业衍生数据公共安全问题。在全球化加速演进、信息技术迅猛发展以及大数据泛在共生的时代背景下，数据跨境流动面临多重壁垒，数据全球化与数据主权的矛盾交织；此外数据安全与网络安全领域也日益成为数字世界"不见硝烟的战场"，公共安全问题需要得到企业衍生数据工作者的重视和解决。

三、企业衍生数据法律保护

（一）伦理道德之治——企业衍生数据法律保护导向

在北京市数字经济治理体系下，对企业衍生数据的法律保护应当围绕"以人为本、普惠共享、效率公平、永续发展"的准则展开。"法律是成文的道德，道德是内心的法律"，在企业天然逐利性与人文关怀的内生性矛盾中，如何通过法律引导避免技术凌驾于人本身，成为数字经济治理体系下的重要课题。笔者认为，对企业衍生数据法律保护的核心导向应当是以人为本，任何科技

[①] 梅其君：《技术何以自主——技术自主论之批判》，载《东岳论丛》2009年第5期。

进步都不应当突破伦理的范畴和底线，所有的技术创新本质应当是为了人类更有道德地生存，而非无视规则秩序的野蛮生长。良法善治与科技向善理应相辅相成，互促互进。以人为本，面向未来考虑立法才是法律保护的核心要义所在。当前，在企业衍生数据领域，存在数据垄断、大数据杀熟、算法黑箱等数据伦理问题，现分述如下。

针对数据垄断问题，一是"政府主动向前一步"，遵循普惠共享的原则，整合数据资源，推动公共数据开放。通过让渡数据加工使用权，向社会提供高价值、高可用性的公共数据，防止大型平台企业数据垄断导致的信息不对称，避免出现更加严重的数据鸿沟。二是健全平台管理制度规则，鼓励企业设立首席合规官及信息伦理委员会，[1]发挥企业内部治理作用。近年来，国家层面相继出台《网络安全法》《数据安全法》《个人信息保护法》，地方层面也发布了与数据相关的各类地方性法规，各项法律法规的密集出台对企业数据治理提出了新的要求，划定了新的红线。为保证企业数据相关的经营行为合法合规，有必要在企业内部设立专门的合规岗位，将各项法律要求落实在企业日常经营之中，从而避免触碰法律红线，影响企业的平稳运行。三是强化法律保障，加大外部监管力度，让数据垄断无处遁形。2022年修正的《反垄断法》在总则部分新增规定，"经营者不得利用数据和算法、技术、资本优势以及平台规则等从事本法禁止的垄断行为"，从"经济宪法"角度强化对平台企业数据垄断行为的规制。继2020年底中央政治局会议首次提出"强化反垄断和防止资本无序扩张"后，"加强反垄断和反不正当竞争，破除地方保护和行政性垄断，依法规范和引导资本健康发展"写入了党的二十大报告。

针对个性化算法推荐及大数据杀熟现象，赋予用户自主选择权，是否根据以往浏览内容进行相关内容推送由用户自主选择。当前各大网络平台为扩大用户流量，增加用户粘性，通过设置后台算法程序，实时对用户的检索和浏览记录进行监控，并根据大数据统计，对用户喜好和需求进行分析，从而有针对性地向用户投放内容和广告，这样的做法某种程度上可以帮助用户更加便捷地获取需要的信息，但另一方面，这一行为实际上对用户的隐私权造

---

[1] 安宝洋、翁建定：《大数据时代网络信息的伦理缺失及应对策略》，载《自然辩证法研究》2015年第12期。

成了一定的侵犯。之前曾爆出某出行类网络平台根据大数据算法技术对用户的信息作出统一整合，由此形成用户画像，根据用户消费习惯和消费倾向性对商品设置不同的价格。这不仅侵犯消费者合法权益，更是对社会公平正义和信赖原则的破坏。因此监管机关要求互联网平台不得主动对用户定向投放信息内容，必须基于用户同意之后才可以进行。目前平台主要的方式是在用户使用此APP前弹窗提示："允许××（APP名称）跟踪您在其他公司的APP网站上的活动吗？"用户可以选择"要求APP不跟踪"，也可以选择"允许"，以行使自己在互联网平台中的个人信息权利，从而禁止对消费者实施不公平的差别待遇和选择限制。

针对算法黑箱，探索制定互联网信息服务算法安全制度。支持第三方机构开展算法评估，引导平台企业提升算法透明度与可解释性，促进算法公平。[①]用技术管技术，建立算法监管平台，对企业重要数据处理活动的关键节点进行监督管理，确保在保护企业商业秘密和知识产权的前提下，避免利用大数据技术进行消费者差异化对待和大数据杀熟，维护平台消费者的合法权益。针对算法产品的伦理问题，需要重点关注在人工智能、元宇宙或网络游戏等数字产品开发中的伦理道德问题，树立技术服务于人类的研发理念和弘扬社会主义核心价值观的原则，引入第三方测评机构对数字产品的伦理观念和道德保护进行专门测评并纳入到软件质量测评体系中，从管理机制角度对算法产品的开发加之以道德的约束与监管，确保科技服务于民。

（二）个人信息保护之治——企业衍生数据法律保护前提

个人对描述本体属性的特征数据以及基于自身社会行为衍生出的行为数据享有数据权利，内容包括人格权益和财产权益。目前已有国家和地方立法对个人享有的数据人格权益作出明确法律规定。《民法典》第111条以及第1034条至第1039条规定了对自然人个人信息的原则性保护，任何组织或者个人需要获取他人个人信息的，应当依法取得并确保信息安全，不得非法收集、使用、加工、传输他人个人信息，不得非法买卖、提供或者公开他人个人信息。刑法的保护与民法一脉相传，充分发挥刑法保障法功能，将侵犯公民个人信息罪规定在"侵犯公民人身权利、民主权利罪"一章中，对违反国家有关规定，向他人出售或者提供公民个人信息的犯罪行为进行严厉刑罚处罚。《个人信息

[①] 刘友华：《算法偏见及其规制路径研究》，载《法学杂志》2019年第6期。

保护法》从个人信息处理、个人信息跨境提供等方面详细规定了对个人信息主体数据人格权的保护。在法律落实层面，个人信息处理者应当按照国家标准《信息安全技术　个人信息安全规范》（GB/T 35273-2020）、《信息安全技术个人信息去标识化指南》（GB/T 37964-2019）执行对个人信息的脱敏、匿名化以及去标识化，政策层面鼓励支持社会团体、行业联盟等制定更加具体的个人信息处理和保护的技术规程、团体标准，进一步落实和细化《个人信息保护法》的各项要求，从而真正从法律和技术两个维度严格落实个人信息人格权益保护。

我国对个人数据财产权益的保护进行了积极探索，《深圳经济特区数据条例》和《广东省数字经济促进条例》均认可了自然人对依法获取的数据资源开发利用成果的财产权益。[1]《北京市数字经济促进条例》第20条规定，除法律、行政法规另有规定或者当事人另有约定外，单位和个人对其合法收集的数据，可以依法存储、持有、使用、加工、传输、提供、公开、删除等，其所形成的数据产品和数据服务的财产性收益受法律保护。从各地立法对个人数据财产权益的保护态度可知，当前对个人数据财产权益的保护对象侧重于主体投入一定劳动后所形成的数据治理成果，这也符合恩格斯在《反杜林论》中曾指出的："产品的所有权是以自己的劳动为基础的。"[2] 同时也有学者认为，对于他人数据产品的合法整理和加工，达到一定的价值创造程度，便可以形成新的数据资产权的客体而获得独立性。[3] 因此，在无法律规定或合同特别约定的情况下，网络用户对其提供给网络运营者的用户信息内容拥有所有权，且用户个人信息的人格权益受到法律保护。

个人信息保护是数据合法利用的前提，二者并非对立的矛盾关系，数据处理依赖于对个人信息数据的合法取得和匿名化处理，数据处理主体从对数据的二次加工中获取利益，如果在原始数据获取阶段未充分尊重个人数据主

---

[1] 参见《深圳经济特区数据条例》第4条：自然人、法人和非法人组织对其合法处理数据形成的数据产品和服务享有法律、行政法规及本条例规定的财产权益。但是，不得危害国家安全和公共利益，不得损害他人的合法权益。《广东省数字经济促进条例》第40条第1款：自然人、法人和非法人组织对依法获取的数据资源开发利用的成果，所产生的财产权益受法律保护，并可以依法交易。法律另有规定或者当事人另有约定的除外。

[2] 《马克思恩格斯文集》，人民出版社2009年版，第296页。

[3] 龙卫球：《数据新型财产权构建及其体系研究》，载《政法论坛》2017年第4期。

体权利，势必造成数据主体的冲突与矛盾，因此，确保个人信息安全是数据合法处理的必要前提，也是数据流通利用的根基所在。个人信息权利的根本在于个人信息使用知情权和自决权，知情即个人明确知悉获取信息的范围和使用目的，自决即有权决定是否继续将个人信息的使用权利让渡给企业或者其他数据处理者。企业处理个人信息的合法依据源于在知情同意前提下获取个人信息，或者根据《个人信息保护法》第27条，企业可以在合理的范围内处理个人自行公开或者其他已经合法公开的个人信息，确保衍生数据不超过原始共享数据的授权范围和安全使用要求。《天津市数据交易管理暂行办法》第17条规定：未经自然人或者其监护人同意，不得交易涉及个人信息的数据，体现出对企业衍生数据保护的前提是对个人信息权利的尊重与正当使用。为有效实现个人知情权、自决权和数据可携带权，从个人管理数据的思路出发，基于北京市政务数据目录区块链的实践，参考韩国"My Data"金融数据服务模式，建议在北京探索建立分布式数据流通基础设施——数据托管运营平台，即通过区块链形式广泛链接个人信息主体、数据需求方和掌握个人信息的平台企业，托管运营平台扮演"数据银行"的角色，通过防篡改技术建立个人数据账户，形成个人数据资产，通过共识机制和智能合约技术实现个人数据可携带权、删除权，个人可以将其主体信息、行为活动等相关数据，从平台企业自由迁移至其个人账户。数据需求主体按需提出申请，个人信息主体可以经过审核后同意或授权托管平台允许数据需求主体使用个人信息，并获得一定经济收益。需求主体有义务将所获得的个人信息用途和传输路径告知个人信息主体。同时，个人信息主体有权利在平台上撤回其同意，个人信息处理者不得以个人不同意处理其个人信息或者撤回同意为由，拒绝提供产品或者服务。在这样的条件下，个人信息主体可以完整看到自己产生哪些数据财产、各类数据财产的传输路径和接收主体、他人将这些数据财产用作哪些用途，完整的链条清晰可见。

（三）数据权属之治——企业衍生数据法律保护核心

2022年6月22日中央深改委第二十六次会议明确指出，"要完善数据要素市场化配置机制，推进公共数据、企业数据、个人数据分类分级确权授权使用，加快建立数据资源持有权、数据加工使用权、数据产品经营权分置的产权运行机制"，标志着我国数据要素市场治理正式进入了制度落地阶段，数据基础制度建设已经起步。企业衍生数据保护的核心在于如何界定各数据主体的权利属性，进而划定行为边界，保护主体正当的数据权利。笔者认为，鉴于数据权利本身涉及多主体和多维度的权利内容，借鉴20世纪20年代美国法学家霍菲尔德提出的"权利束"构想，[①]建立涵盖内容来源权、持有权、加工使用权和经营权的四维权利配置体系和数据权利集合体。数据载体与内容相结合的二元结构特征，微观到具体数据权利内容层面，权利对象是数据本身，权利主体涉及内容来源者、数据处理者等相关主体，因此需要结合数据的特性来分析。在上述理论基础上，展开对数据权属不同维度的具体分析。

1. 内容来源权

数据内容主体拥有对"零次衍生"数据的初始权利和后续衍生数据的衍生权利，初始权利即内容来源权，权利指向对客观事物的基本描述，客观事物的主体或拥有者享有是否进行数字化处理、如何处理、是否公开等行为活动的决定权。例如用户对发表在社交平台上的本人照片拥有肖像权，对自己拍摄的照片或者创作的绘画作品拥有著作权，这些照片或者作品会以比特字节或其他形式存储在平台经营者的后台数据库中，无论数据载体是否发生转移，数据内容本身依旧属于用户本人，这里的肖像权和著作权即用户主体的内容来源权利。这种情况下，对内容来源权主体的保护侧重于对内容本身权利的保护，即保护肖像权、知识产权等。如果原始数据本身不具有人格权或者知识产权属性，例如企业将经营过程中形成的数据授权给其他数据处理者进行使用加工，此时企业对这类数据拥有内容来源权；再如某些地理信息企业需要对特定场所数据进行采集时，如果这一地理空间资源属于国家或者集体所有，那么国家或集体拥有对地理信息企业形成的空间测绘数据的内容来源权；对基于先占原则取得的无主物，如果需要对其进行数字化加工，那么所有权人天然拥有对数字成果的内容来源权。对于公共物品，如道路、桥梁、河道、建筑物等，建议作为不受法律保护的数据内容来源权。原则上，数据处理者不拥有"零次数据"的内容来源权。

2. 持有权

数据持有权，是指与数据内容主体的内容来源权相对，数据处理者对"零次数据"的载体占有、控制权，以及对于后续衍生数据而言，数据处理者对内容和载体的一体化占有、控制权。需要指出的是，对于"零次数据"而言，

[①] 王利明：《论数据权益：以"权利束"为视角》，载《政治与法律》2022年第7期。

在权利相对人让渡权利的情况下，另一方权利人可以拥有内容和载体的完全持有权；对于数据内容和载体发生转移的，持有权主体相应变更。持有权表现为对数据内容进行存储、调取、传输、备份等处置的权利，不涉及加工使用行为。持有权不同于所有权，所有权作为物权，是规范意义上的完全性权利，包括占有、使用、收益和处分的权能，而持有权是事实意义上的权利，某种程度上更接近"占有"的权能，指的是通过一定的方式或者手段对有形或无形物有意识地控制和支配。在这一阶段，数据持有主体投入网络、算力、基础设施等资源，因此其拥有独占性和排他性数据权利，未经数据持有主体许可，其他任何第三方无权处置或使用一次衍生数据资源。需要注意的是，在这一阶段，会存在云服务商等第三方平台机构为数据存储、备份等提供计算服务，属于受委托持有数据的情形，云服务商不得滥用持有权。权利人主张数据持有权，应当体现对数据载体和内容的足够控制力，体现实际占有。当前的数据确权，核心就是由权威第三方登记数据持有权，目前来看，基于区块链和电子签名技术进行在线登记，是比较可行的数据持有权确权方式。

3. 加工使用权

平台企业作为数据处理者，从内容权利主体方获得数据的使用权，面向广泛应用场景进行比对分析、统计决策、分析预判、模型构建、算法验证等加工处理活动，对应的即是"一次衍生""二次衍生""三次衍生"数据的产生过程。在合法前提下，企业对数据载体享有加工使用权并对投入劳动成本形成的数据产品载体与内容享有财产性权益。数据使用权在交易平台上可以自由流动和交易，通过对数据的内容进行加密处理，形成匿名化、去标识化，而将大数据背后的计算价值进行释放和流动，从而让数据要素在流动中不断获得增值。不同于个人对数据享有的人格和财产双重权益体系，企业对数据的权利体现在对依法获取数据的占有、使用以及"机器生成数据"的财产权利。对经过"告知—同意"后获取的个人数据，企业可以在合法、正当、必要和诚信原则指导下，对约定范围内的个人数据进行加工处理，从而形成能够支撑决策或得到预见性、前瞻性结论，使得数据处理者拥有超范围协同、超时空预判、精准调控、双向触达等解决问题的新能力。数据处理者在行使数据使用权过程中，应当符合场景正当的原则，遵守法律法规和公序良俗，不得滥用技术能力侵害第三方合法利益。

4. 经营权

数据处理者对数据进行了历次衍生，数据即具备资产和资本价值，基于数据持有权，企业可以拥有数据经营权。这一权利的产生前提是数据资产的形成，而数据资产须具有唯一性和排他性。企业衍生数据是企业在投入大量人力、物力和资本后形成的数据，具有自然价值和规范价值的双重价值属性。经营权根本在于对企业付出劳动的正向性肯定，对衍生数据的保护范围限于基于合法取得的原始数据进行加工处理后形成的衍生数据，或包含衍生数据内容的数据产品及数据服务。数据经营权的实施，体现为数据使用权交易、授权运营、信托运营等财产性收益活动。总之，设立和实施数据财产经营权制度，关键要形成数据资产，取决于质量评价和价值评估，以及持有权确认，这就要求配套建立数据资产登记和评估机制，保障数据财产和权属的有序流转。从数据权属角度来看，北京市设立金融公共数据专区的创新点主要体现在公共数据授权运营，或者说公共数据财产所有权与经营权的分离。

结合上述内容来源权、持有权、加工使用权和经营权四维体系，对平台企业衍生数据权属进行分析如下。用户主体对上传到平台的数据拥有内容来源权，平台企业对自身产生的经营数据等拥有内容来源权；用户主体通过授权平台对上传数据进行加工处理，使得平台企业对数据拥有持有权和加工使用权，在此基础上，平台企业通过对海量的数据进行算法分析后，形成支撑平台企业调整经营策略的衍生数据内容，平台企业对这一数据拥有内容来源权、持有权、加工使用权和经营权，可以进行授权使用和流转交易，交易的既可以是衍生数据的使用权，也可以是数据产品的持有权。

（四）数据安全之治——企业衍生数据法律保护底线

企业衍生数据法律保护的底线是维护数据安全，没有安全就无法谈及数据权属和数据权益，数据安全不仅包括内部安全还有外部安全。党的十八大以来，习近平总书记创造性提出构建网络空间命运共同体的理念主张。2022年11月7日，国务院新闻办公室发布《携手构建网络空间命运共同体》白皮书，介绍新时代中国互联网发展和治理理念与实践，分享中国推动构建网络空间命运共同体的积极成果，展望网络空间国际合作前景。

1. 数字经济安全

数字经济安全，首要的是数据安全。个人在特定情形下将个人数据权利进行让渡，数据处理者应当对个人数据尽到安全保护义务，加强重要信息保护，禁止对个人信息滥采滥用，防范非法数据交易和数据垄断。数据处理者的数据保护义务主要体现在《网络安全法》、《数据安全法》和《个人信息保护法》的规定之中，包括：第一，建立数据安全和个人信息处理责任人制度的义务。内容包括明确数据安全、个人信息保护负责人和管理机构，明确个人信息处理各流程负责人以及合理确定个人信息处理的操作权限。第二，数据与个人信息分类和识别义务。内容为区分非个人信息数据与个人信息数据，制定重要数据目录，以根据数据类别进行分级保护。第三，软件开发、升级保证权利实现义务。具体内容包括制定个人信息处理规则，设计知情同意功能，设置个人信息查阅、复制、转移、核实与更正、补充、撤回同意、删除功能，设计重新取得个人同意功能，设计取得用户单独同意功能。第四，合规评估义务。内容有日常风险监测，定期开展风险评估、合规审查并报送评估、审查报告以及特殊情形下的事前影响评估。第五，事件处置义务。具体内容包括投诉举报处理，制定并组织实施数据和个人信息安全事件应急预案，发生或者可能发生个人信息泄露、篡改、丢失时，立即采取补救措施并通知履行个人信息保护职责的部门和个人。第六，安全教育培训义务。内容有数据开发利用技术教育和培训、数据安全与个人信息保护从业人员的安全教育和培训。

借助于区块链、数据水印、电子签章等技术手段可以有效解决数据存证、确权、隐私保护等衍生数据法律保护问题，形成一套完善的衍生数据法律保护技术应用体系。

2. 企业衍生数据的跨境流动保护

企业衍生数据泄露风险和跨境流动风险涉及国家安全和数据主权。2018年，美国颁布《澄清域外合法使用数据法案》（CLOUD法案），澄清了调取美国境内服务商储存在域外服务器数据的合法性，赋予美国政府调取存储于他国境内数据的合法权力。[1]2019年，澳大利亚政府实施《电信和其他法律修正（协助和访问）法案》，旨在加强通信运营商、互联网服务提供者等数据平台的通信执法协助义务，为协助解密、设置后门大开方便之门，引发业界广泛关注和担忧。[2] 该法案明确将管辖对象范围扩展至包括位于澳大利亚境外的主

---

[1] 周梦迪：《美国CLOUD法案：全球数据管辖新"铁幕"》，载《国际经济法学刊》2021年第1期。
[2] 刘金瑞：《维护网络安全不能奉行双重标准——评澳大利亚2017年电信业安全改革法和2018年协助访问法》，载《中国信息安全》2019年第5期。

体，因此法案普遍被认为具备"长臂管辖"效力。

2020年7月《欧美隐私盾牌》协定被欧洲法院（ECJ）判定无效，众多初创企业、中小企业失去了连接两大数据保护机制的高速通道，经营成本显著增加。[1] 数据要素市场培育呼唤数据流通，因此，一方面要重视数据保护，另一方面也要避免因噎废食，兼顾发展与保护，让数据要素充分发挥整合市场资源的关键作用。数据关乎国家安全，数据跨境流动涉及国家主权。[2] 因此，北京市基于"两区"政策优势，探索建设国家数据基础制度先行先试示范区，打造安全可信数据空间，形成监管沙盒，运用区块链分布式计算和网络协同技术，设立面向数据跨境场景的统一数据托管运营平台，实现数据安全进场、多方融合处理、模型产品和算法结果输出，为更多跨国企业提供数据跨境和数据驻留服务，真正实现让数据权益回归信息主体，满足衍生数据跨境安全性要求。此外，应当完善跨境数据流动"分级分类+负面清单"监管制度，让数据真正流动在"制度的笼子"里，保护企业衍生数据合法有效流动，让数据要素价值在制度的保证下得以安全发挥。

---

[1] 中国信息通信研究院：《全球数字治理白皮书》，载中国信息通信研究院网，http://www.caict.ac.cn/kxyj/qwfb/bps/202112/P020211223383085909153.pdf，最后访问日期：2022年11月17日。

[2] 罗文华：《基于生命周期的数据跨境流动程序性与实质性监管》，载《中国政法大学学报》2021年第5期。

征稿启事

《北京仲裁》由北京仲裁委员会/北京国际仲裁中心主办，主要刊登中外仲裁、调解、工程评审等与多元化纠纷解决机制相关的民商事理论性、实践性的论文或者介绍性文章以及符合前述范围的翻译文章。本出版物每年出版四辑，下设"主题研讨""专论""仲裁讲坛""比较研究""ADR专栏""案例评析""办案札记"等栏目。

编辑部热诚欢迎广大读者投稿，投稿前请仔细阅读以下注意事项：

1. 来稿应符合本出版物网站（www.bjac.org.cn/magazine/）的投稿要求及注释体例，并按要求写明作者信息、中英文题目、内容摘要、关键词等信息。

2. 来稿应严格遵守学术规范，如出现抄袭、剽窃等侵犯知识产权的情况，由作者自负责任。

3. 为扩大本出版物及作者信息交流渠道，本出版物已经委托博看网数字发行，并已被CNKI中国期刊全文数据库收录。凡向本出版物投稿的稿件，即视作作者同意独家授权出版其作品，包括但不限于纸质图书出版权、电子版信息网络传播权、无线增值业务权等权利，授予本出版物授予合作单位再使用、授予相关数据库收录之权利，作者前述相关的著作权使用费将由编辑部在稿酬内一次性给付。若作者不同意前述授权的，请在来稿时书面声明，以便做适当处理；作者未书面声明的，视为同意编辑部的前述安排。

4. 投稿方式：请采用电子版形式，发送至电子邮箱bjzhongcai@bjac.org.cn。如在两个月内未发出用稿或备用通知，请作者自行处理。

5. 所有来稿一经采用，即奉稿酬（400元/千字，特约稿件500元/千字）。

《北京仲裁》编辑部

图书在版编目(CIP)数据

北京仲裁.第123辑/北京仲裁委员会（北京国际仲裁中心）组编.—北京：中国法制出版社，2024.1

ISBN 978-7-5216-4284-1

Ⅰ.①北… Ⅱ.①北… Ⅲ.①仲裁—司法监督—中国—文集 Ⅳ.① D925.7-53

中国国家版本馆CIP数据核字（2024）第048341号

责任编辑：侯 鹏　　　　　　　　　　　　封面设计：李 宁

北京仲裁（第123辑）
BEIJING ZHONGCAI（DI-123 JI）

组编/北京仲裁委员会（北京国际仲裁中心）
经销/新华书店
印刷/三河市国英印务有限公司
开本/787毫米×960毫米　16开　　　　印张/9.25　字数/151千
版次/2024年1月第1版　　　　　　　　2024年1月第1次印刷

中国法制出版社出版
书号 ISBN 978-7-5216-4284-1　　　　　　　　定价：39.00元

北京市西城区西便门西里甲16号西便门办公区
邮政编码：100053　　　　　　　　　　　　传真：010-63141600
网址：http://www.zgfzs.com　　　　　　　编辑部电话：010-63141826
市场营销部电话：010-63141612　　　　　印务部电话：010-63141606
（如有印装质量问题，请与本社印务部联系。）